ATTIVA L'ITALIANO

Federica Colombo

ATTIVA il lessico

A2/B1

italiano per stranieri

LE MONNIER

www.mondadorieducation.it

Prima edizione: maggio 2013

Edizioni
10 11 12 13 14 15
2022 2023 2024 2025

Questo volume è stampato da:
Lineagrafica s.r.l. - Città di Castello (PG)
Stampato in Italia - Printed in Italy

Redazione	Monica Gardenghi
Progetto grafico	Nicolò Quirico
Impaginazione	Nicolò Quirico
Copertina	Alfredo La Posta
Disegni	Siro Garrone
Ricerca iconografica	Monica Gardenghi

Referenze iconografiche: Shutterstock

Per informazioni e segnalazioni:
Servizio Clienti Mondadori Education
e-mail *servizioclienti.edu@mondadorieducation.it*
numero verde **800 123 931**

Attiva il lessico è una pubblicazione ideata per offrire allo studente di italiano lingua straniera la possibilità di esercitare in nuovi contesti vocaboli che probabilmente ha già incontrato in un corso. Partendo dal presupposto che non singoli vocaboli, ma più vocaboli insieme combinati fra loro permettono di comunicare, ***Attiva il lessico*** segue un approccio comunicativo: il lessico è per lo più presentato ed esercitato in brevi testi o dialoghi oppure in attività di abbinamento o classificazione in base alle affinità di significato.

Attiva il lessico è strutturato in due volumi pensati sia per l'autoapprendimento sia per un utilizzo in classe come materiale supplementare. Questo primo volume si rivolge a studenti di italiano di livello elementare, corrispondente al livello di competenza A2 del *Quadro comune europeo di riferimento per le lingue* (*QCER*), che desiderano ripassare, consolidare e arricchire le proprie conoscenze lessicali.

Attiva il lessico è suddiviso in 20 capitoli, ognuno dei quali presenta un'unità tematica. La progressione dei capitoli stessi non è vincolante, così che lo studente (o l'insegnante che desidera utilizzare alcuni capitoli integrandoli in un corso) può seguire un ordine diverso da quello proposto.

Gli argomenti sono stati scelti seguendo un approccio tematico e comunicativo e basandosi sui descrittori di competenza del *QCER*. Le liste lessicali *QCER* costituiscono riferimento costante anche per la scelta degli stessi vocaboli chiave. In alcuni casi sono stati inseriti vocaboli non compresi nel livello A2 di queste liste, ma ritenuti specialmente importanti nell'ambito del tema scelto.

Ogni capitolo è organizzato su quattro pagine con una serie di esercizi in progressione dai più semplici ai più difficili. Sulla prima pagina si trova sempre la lista dei vocaboli chiave; buona parte dei termini viene subito proposta in una prima attività che aiuta a riconoscere il loro significato in un contesto. Seguono poi diverse attività di reimpiego, anche di natura ludica. Il capitolo si chiude con le attività di "comunicazione" dedicate in particolare alle funzioni comunicative tipiche del tema trattato.

Inoltre, in ogni capitolo alcune attività sono contrassegnate come "collocazioni" e si concentrano sull'alta probabilità di combinazione tra vocaboli (verbo + sostantivo, sostantivo + sostantivo, ecc.) in frasi di uso frequente nell'ambito tematico e comunicativo del capitolo stesso.

Alla fine del volume, in appendice, si trovano le soluzioni degli esercizi e, per facilitare la ricerca di un determinato vocabolo, è offerto anche un elenco alfabetico dei vocaboli con il relativo capitolo.

INDICE DEI CONTENUTI

Temi	Comunicazione	Collocazioni
11 Corpo umano **p. 46** *mani, testa, collo, naso, occhio, spalla, torace, gamba, piede, disturbi di stagione, …*	Indicare le parti del corpo, descrivere leggeri malesseri	*avere mal di pancia, stare bene / male, avere il raffreddore, …*
12 Abbigliamento **p. 50** *pantaloni, gonna, maglietta, camicia, cappello, sciarpa, pigiama, colori, materiali, …*	Dare e chiedere semplici informazioni sul modo di vestire	*avere il … di numero di scarpe / di taglia, provare un maglione, …*
13 In città **p. 54** *città, paese, strada, semaforo, attraversare, a destra, a sinistra, incrocio, edifici, …*	Descrivere dove si vive, dare e chiedere indicazioni stradali	*andare dritto, girare a destra, prendere la prima strada, …*
14 Casa e tipi di case **p. 58** *appartamento, condominio, villa, grattacielo, ascensore, scala, numeri ordinali, …*	Parlare del tipo di abitazione e della casa ideale	*affittare una casa, abitare al … piano, cambiare casa, …*
15 In casa **p. 62** *soggiorno, bagno, doppi servizi, locale, ammobiliato, lavandino, armadio, sedia, …*	Dare e chiedere informazioni sulla propria casa	*sedersi in poltrona, entrare in garage, …*
16 Al ristorante **p. 66** *pizzeria, trattoria, menù, antipasto, primo piatto, contorno, dessert, ordinare, mancia, …*	Parlare delle proprie abitudini al ristorante	*lasciare la mancia, chiedere il conto, …*
17 Alimenti e bevande **p. 70** *pasta, riso, bistecca, pollo, prosciutto, formaggio, yogurt, latte, tè, birra, quantità, …*	Parlare delle abitudini e preferenze alimentari	*fetta di torta, chilo di zucchero, tavoletta di cioccolato, …*
18 Frutta e verdura **p. 74** *arancia, banana, ciliegia, carota, cipolla, insalata, melanzana, azioni in cucina, …*	Parlare delle preferenze relativamente a frutta e verdura	*spremere un limone, condire l'insalata, sbucciare una mela, …*
19 In cucina **p. 78** *frigorifero, lavello, fornelli, tostapane, bilancia, piatto, posate, pasti, azioni in cucina, …*	Descrivere le proprie abitudini in cucina	*l'acqua bolle, l'olio frigge, versare il vino, …*
20 Mezzi di comunicazione **p. 82** *giornale, radio, televisione, volume, canale, cellulare, chiocciola, posta elettronica, …*	Parlare dei mass media che uno usa di più	*lasciare un messaggio, mandare una e-mail, …*

1 DATI PERSONALI

nome (m)
cognome (m)

data di nascita
luogo di nascita
anno
età

carta d'identità
passaporto
nazionalità (italiana)
straniero/a

indirizzo
via
piazza
corso
viale (m)
numero (civico)
città
CAP (m)

sesso
maschio
femmina
uomo
donna

bambino/a
adulto
giovane
anziano/a

sposato/a
separato/a
divorziato/a

vivere
nato (nascere)
morto (morire)

compleanno

NAZIONALITÀ - MESI

1 Leggi questo modulo, poi scegli le risposte corrette.

nome *Stefano* cognome *Lovati*
data di nascita (giorno/mese/anno) *23 marzo 1954*
età *59 anni* luogo di nascita *Viterbo*
indirizzo: via/piazza/corso/viale *Viale Regina Margherita* numero civico *34*
CAP *20052* città *Monza*
nazionalità *italiana*
sesso: ☒ maschio ☐ femmina
passaporto / carta d'identità numero *n° passaporto B456793*
☒ sposato/a ☐ separato/a ☐ divorziato/a ☐ non sposato/a

Stefano Lovati è straniero? ☐ **A** Sì, è francese. ☒ **B** No, è italiano.

1 Quando è nato? ☐ **A** Nel 1954. ☐ **B** 59 anni.
2 È un bambino? ☐ **A** Sì, è un bambino. ☐ **B** No, è un adulto.
3 Dove vive? ☐ **A** A Viterbo. ☐ **B** A Monza.
4 Quando festeggia il compleanno? ☐ **A** Il 23 marzo. ☐ **B** Nel 1954.

2 Collega. Ci possono essere più risposte corrette!

1 nome e cognome
2 data di nascita
3 luogo di nascita
4 indirizzo
5 città
6 sesso
7 nazionalità
8 compleanno

a. Prato
b. italiana
c. femmina
d. 3 maggio 2000
e. Via Galileo Galilei, 46
f. Silvia Ferrarin
g. 3 maggio
h. Ancona

3 Guarda la cartina e collega gli aggettivi di nazionalità ai paesi. Poi completa le frasi con nome e nazionalità tuoi e di un amico o di un'amica.

inglese · olandese · belga · tedesco · americano · danese · russo · canadese · francese · turco · argentino · polacco · brasiliano · cinese · greco · senegalese · italiano · marocchino · giapponese · spagnolo · portoghese

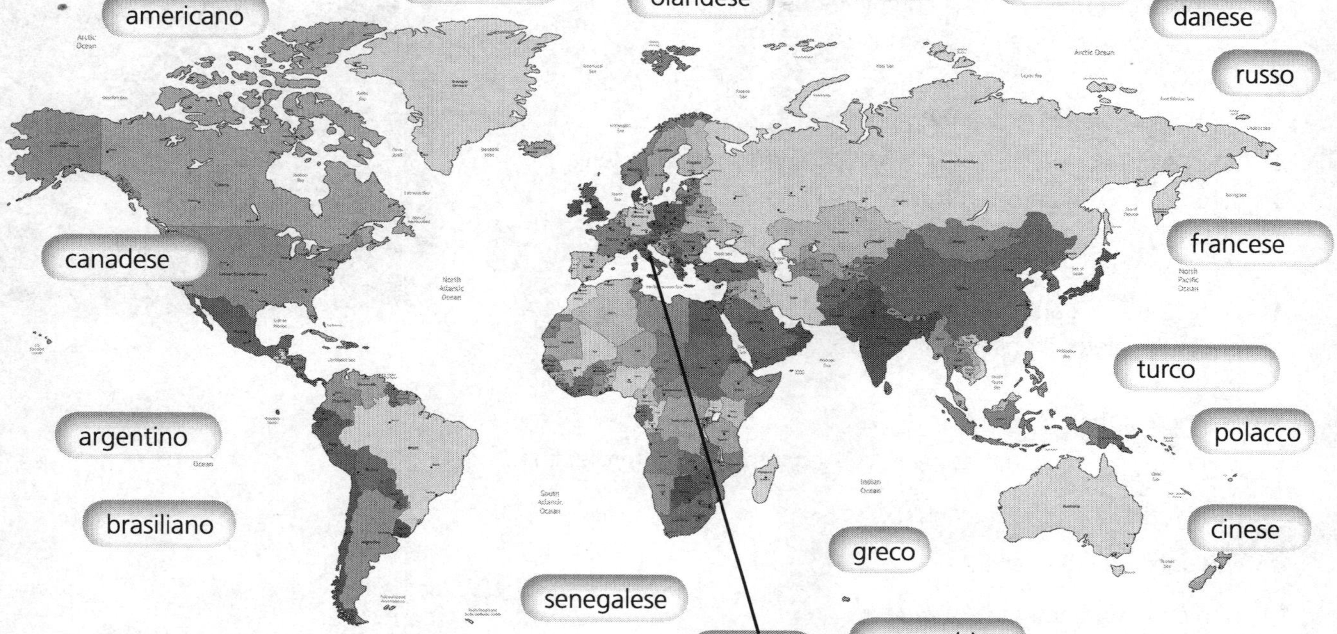

Mi chiamo ...., sono ....

Il mio amico / La mia amica si chiama ...., è ....

4 Completa con i contrari. Trovi le parole nella pagina accanto.

.... *maschio* .... ⟷ femmina

1 nato ⟷ ....

2 uomo ⟷ ....

3 bambino ⟷ ....

4 .... ⟷ anziano

5 Adesso prova tu! Completa il modulo.

nome ____________ cognome ____________

data di nascita ____________

età ____________ luogo di nascita ____________

indirizzo ____________ numero civico ______

CAP ____________ città ____________

nazionalità ____________

sesso: ☐ maschio ☐ femmina

gennaio	luglio
febbraio	agosto
marzo	settembre
aprile	ottobre
maggio	novembre
giugno	dicembre

6 Completa le frasi con le parole date.

anno • cognome • ~~nome~~ • indirizzo • bambini • carta d'identità • CAP • età • numero civico • compleanno

1 Lorenzo è un ......*nome*...... molto di moda. Tanti neo-genitori lo scelgono per i loro ....
2 Rossi è un .... diffuso in tutta Italia.
3 Fino al 1975, in Italia, si diventava maggiorenni all'.................... di 21 anni, da quell'.................... a 18.
4 La tua lettera è arrivata solo ieri perché l'.................... era incompleto: mancavano il .... e il ....!
5 Quand'è il tuo ....? - Tra poco, il 29 aprile.
6 Sulla .... è segnata anche la professione.

7 Risolvi gli indovinelli.

non è più un bambino = *adulto*

1 tutti quelli di una famiglia l'hanno uguale = ...
2 gli anni che si hanno = ...
3 nato/a a … = ...
4 giorno, mese e anno in cui una persona è nata = ...
5 via, numero e città = ...
6 l'abbreviazione di Codice d'Avviamento Postale = ...
7 persona di età avanzata = ...
8 non è maschio = ...

8 COLLOCAZIONI Ricostruisci le espressioni. Completa con le parole date. Ci sono più risposte corrette.

separato/a • straniero • il compleanno • ~~di cognome~~ • la carta d'identità • … anni • sposato/a • il passaporto • divorziato/a • italiano (2x) • … anni / gli anni

chiamarsi *di cognome*

1 avere ....
2 compiere ....
3 festeggiare ....
4 parlare ....
5 rinnovare ....
....

6 essere ....
....
....
....
....

9 COLLOCAZIONI Completa le frasi con alcune delle espressioni dell'esercizio 8.

1 Tu sai come .... Francesco .... ? - Gatto.
2 Domenica faccio una festa perché .... 18 ....
3 Devo .... il .... : in agosto vado in America ed è valido solo fino a marzo.
4 Non lo sapevi!? Certo, Martina .... con Marco e ha anche già un bambino!

10 Leggi il breve testo. Quali informazioni ci sono e quali non ci sono? Segna con una crocetta (X) e poi completa la tabella.

Da quando era bambino, Paolo Gragnanti vive a Perugia. Abita con moglie e figli in centro, in Piazza Volta, al numero 4. Paolo è però di Torino. È nato a Torino e si è trasferito in Umbria il 1° marzo 1985.

☒ nome e cognome	*Paolo Gragnanti*
☐ data di nascita	
☐ luogo di nascita	
☐ età	
☐ indirizzo	
☐ nazionalità	
☐ sesso	
☐ stato civile (sposato, divorziato, …)	

COMUNICAZIONE

11 Collega le domande alle risposte.

1 Come ti chiami?
2 Come ti chiami di cognome?
3 Quando sei nato/a?
4 Dove sei nato/a?
5 Quanti anni hai?
6 Dove abiti?
7 Di dove sei?
8 Quando compi gli anni?

26.
A Saint Louis, in Senegal.
Il 12 giugno 1987.
Fatima.
A Milano.
Il 12 giugno.
Di Saint Louis.
Baal.

12 Rispondi ora personalmente alle domande dell'esercizio 11. Formula frasi complete.

2 AZIONI QUOTIDIANE

svegliarsi
alzarsi
lavarsi
fare il bagno / la doccia
farsi la barba
prepararsi
truccarsi
vestirsi
uscire

preparare la colazione / il pranzo / la cena
fare colazione
cucinare
pranzare
cenare

andare al lavoro
tornare a casa

accompagnare
andare a prendere

fare i compiti

fare la spesa
fare i letti
sistemare
pulire

guardare la televisione

andare a letto
dormire

GIORNI DELLA SETTIMANA

1 Leggi il testo e collega le frasi alle immagini corrispondenti. C'è una frase in più.

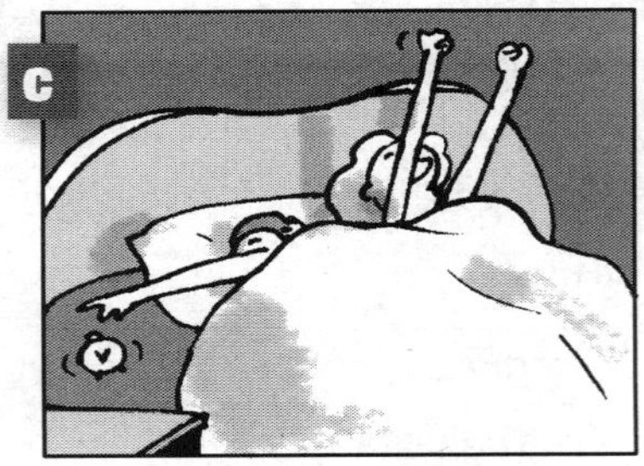

1 [c] Nadia e Raffaele **si svegliano** tutte le mattine alle 7.00.
2 ☐ Nadia **si alza** e corre a **preparare la colazione**. Raffaele **si lava**, **si fa la barba** e poi sveglia i bambini.
3 ☐ **Fanno colazione**, poi Nadia **fa la doccia**, **si veste** e **si trucca**, mentre Raffaele aiuta i bambini a **prepararsi**.
4 ☐ Poco prima delle 8, bambini e papà **escono**. Raffaele li **accompagna** a scuola prima di **andare al lavoro**. Nadia inizia a lavorare più tardi e così ha il tempo di **fare i letti** prima di **uscire**.
5 ☐ Nadia lavora fino alle 15.00, poi **fa la spesa** e **va a prendere** i bambini che **pranzano** tutti i giorni in mensa.
6 ☐ I bambini **tornano a casa** con lei, **fanno i compiti** e poi giocano. Nadia **sistema** e **pulisce** la casa e, alle 7, inizia a **cucinare**.
7 ☐ Quando torna il marito, **cenano**. Dopo cena, i bambini **vanno a letto** e Nadia e Raffaele **guardano la televisione** fin verso le 23.00.

2 Ritrova le azioni presentate nella pagina accanto e completa la tabella.

tutti	Nadia	Raffaele	bambini
svegliarsi *alzarsi*	*preparare la colazione*		

3 COLLOCAZIONI Scegli il verbo adatto a completare queste frasi.

Io e mio marito *torniamo* / *andiamo* (circled) al lavoro in macchina.

1 Tutti i lunedì *faccio* / *prendo* colazione al bar con un'amica.
2 Anna non ama cucinare, ma ogni sera deve *sistemare* / *preparare* la cena.
3 Il martedì e il giovedì *vado* / *voglio* io a prendere i bambini a scuola.
4 Durante la settimana *faccio* / *prendo* sempre la doccia, ma la domenica mi piace *prendere* / *fare* il bagno.
5 Il sabato *compriamo* / *facciamo* la spesa per la settimana.
6 Prima di uscire di casa la mattina *faccio* / *pulisco* i letti.

lunedì
martedì
mercoledì
giovedì
venerdì
sabato
domenica

4 E tu che cosa fai? Scrivi quattro frasi sul modello dell'esercizio 3.

....

....

....

....

5 Completa con l'azione che viene *prima* o *dopo*.

	prima	dopo
	svegliarsi	*alzarsi*
1	preparare la colazione	....
2	.... (i bambini)	andare a prendere (i bambini)
3	....	pranzare
4	cenare	.... la cucina
5	....	dormire

6 In queste frasi c'è qualcosa che non va. Riscrivile in modo più logico.

Si veste e poi fa la doccia. ➜ *Fa la doccia e poi si veste.*

1 Tutte le mattine va a letto alle 7.

....

2 Esce e poi si prepara per andare al lavoro.

....

3 Prima di lavarsi, si trucca.

....

4 Pranza e poi prepara il pranzo.

....

5 Sistema la cucina e poi cucina.

....

6 Verso le 20.00 pranzano tutti insieme.

....

7 Fai il cruciverba. Scrivi sempre i verbi all'infinito.

1 Lo fanno le donne per essere più belle.
2 Mangiare a cena.
3 Si fa quando si lascia il letto al mattino.
4 Lavarsi, vestirsi, truccarsi: tutto insieme.
5 Quando la sveglia suona è ora di …
6 Preparare il pranzo o la cena.
7 Mettersi, per esempio, pantaloni e maglietta.
8 Mettere in ordine.
9 Usare acqua e sapone sul proprio corpo.
10 Il contrario di "entrare".
11 Portare qualcuno da qualche parte.
12 Eliminare lo sporco.

8 **Cosa fanno Nadia, Raffaele e i loro bambini la domenica? Completa il testo con le parole date. Coniuga i verbi quando necessario.**

preparare la cena • vestirsi • andare al lavoro • truccarsi • pulire • alzarsi • tornare a casa • andare a letto • farsi la barba • prepararsi • svegliarsi • uscire • fare colazione

La domenica Raffaele, Nadia e i loro bambini dormono e **(1)** .... verso le 9 e mezza. A volte i bambini **(2)** .... prima dei genitori, ma giocano tranquilli senza fare rumore. Quando anche Nadia e Raffaele si alzano, **(3)** .... tutti insieme, come ogni giorno, ma con più calma. Poi **(4)** .... : si lavano e **(5)** .... Raffaele **(6)** .... , Nadia **(7)** .... e poi decidono cosa fare. Tutti sono contenti perché non devono **(8)** .... o a scuola, non occorre fare la spesa o **(9)** .... la casa. Spesso, se la giornata è bella, **(10)** .... e vanno in campagna. Passano un intero pomeriggio all'aperto, poi, quando **(11)** .... , i bambini possono guardare la televisione mentre Nadia e Raffaele **(12)** .... A Raffaele piace cucinare, solo che durante la settimana torna sempre tardi. Dopo cena, i bambini **(13)** .... presto perché il giorno dopo ricomincia la settimana.

COMUNICAZIONE

9 **Collega le domande alle risposte.**

1 A che ora ti alzi di solito?
2 Fai prima colazione o prima ti lavi?
3 Fai il bagno o la doccia?
4 Fai colazione al bar qualche volta?
5 A che ora esci la mattina?
6 A che ora torni a casa?
7 Chi prepara la cena?
8 Guardi spesso la televisione?

a. Prima faccio colazione.
b. Di solito faccio la doccia.
c. Mia moglie prepara la cena.
d. Ogni mattina mi alzo alle 7.
e. Tutte le sere guardo la televisione.
f. Esco poco prima delle 8.
g. Il sabato faccio colazione al bar.
h. Di solito torno a casa alle 7, qualche volta più tardi.

10 **Com'è la tua giornata? Che cosa fai tutti i giorni? Descrivi una tua giornata tipica. Le domande e le risposte dell'esercizio 9 ti aiutano.**

Di solito mi sveglio ... .

....

....

3 TEMPO LIBERO

hobby (m)
interesse (m)

cinema (m)
teatro
opera
spettacolo
ballare
cantare
musica
concerto

suonare uno strumento
pianoforte (m)
chitarra

arte (f)
museo
mostra
fotografia
pittura

leggere
viaggiare

computer (m)

sport (m)
bicicletta

giardinaggio

cucina

corso

lingua (straniera)
lingue (pl)

televisione (f)

volontariato

AVVERBI E ESPRESSIONI DI FREQUENZA

1 Guarda le parole e le foto. Completa la tabella.

~~cinema~~ opera cantare teatro

chitarra museo concerto pittura

televisione FOTOGRAFIA pianoforte bicicletta ballare leggere viaggiare mostra lingue volontariato

giardinaggio

computer cucina

MUSICA E SPETTACOLI
cinema

ARTE

SPORT

ALTRO

2 Qual è il tuo hobby? Completa le frasi.

I miei hobby sono ....

Il mio hobby preferito è ....

Ho un grande interesse per ....

3 Che cosa ti piace? Completa la tabella con gli hobby dati.

il cinema • leggere • le lingue straniere • il giardinaggio • le mostre • ballare • le opere • la fotografia • viaggiare • gli sport • il ~~teatro~~ • ~~cantare~~ • i ~~concerti~~

(non) mi piace	*il teatro, cantare*
(non) mi piacciono	*i concerti*

4 Cerca nella griglia i nomi di 6 hobby o interessi oltre all'esempio. Scrivi le altre lettere sui trattini e completa la frase liberamente.

P	I	T	T	U	R	A	V	O	R	R	E
I	F	A	E	C	O	M	P	U	T	E	R
R	E	U	A	N	C	C	U	C	I	N	A
O	R	S	T	L	I	N	G	U	A	O	D
G	I	A	R	D	I	N	A	G	G	I	O
F	O	T	O	G	R	A	F	I	A	I	

Che corso vorresti fare?

_ _ _ _ _ _

_ _ _ _ _ _

_ _ _ _ _ _ _

....

5 COLLOCAZIONI Completa con i verbi adatti. Scegli tra quelli dati.

fare • andare • visitare • suonare • avere

1 .... → un hobby / un interesse

2 .... → al cinema / a teatro / all'opera / a un concerto / ad una mostra / in bicicletta

3 .... → sport / fotografia / volontariato / giardinaggio / pittura / un corso

4 .... → un museo / una mostra

5 .... → uno strumento / la chitarra / il pianoforte

6 COLLOCAZIONI Completa il dialogo con alcune delle espressioni dell'esercizio 5. Coniuga i verbi quando necessario.

Fabrizio, dimmi, che hobby *hai* ?

Beh, ho iniziato a **(1)** .... volontariato, ma devo dire che da quando ero piccolo il mio vero grande hobby è uno solo: la musica! La ascolto, **(2)** .... ai concerti e poi **(3)** .... uno strumento, la chitarra. E tu?

Io **(4)** .... tanti interessi. Mi piace la fotografia e leggo molto. Poi **(5)** .... spesso al cinema, **(6)** .... sport tre volte alla settimana, una o due volte al mese **(7)** .... una mostra o un museo. Mi piace l'arte. E infine **(8)** .... giardinaggio. Ho appena iniziato un corso!

spesso
tre volte alla settimana
una o due volte al mese
sempre

E tu, Giovanna, cosa fai nel tempo libero?

Io guardo la televisione. Non ho hobby particolari.

7 Completa le frasi con le parole date.

1 Mi piace ascoltare ....
2 Faccio ....
3 Oggi vorrei visitare ....
4 Suono ....
5 Non mi piace guardare ....
6 Mi piace tantissimo andare ....

un museo
la chitarra
la musica
la televisione
un corso di cucina
in bicicletta

8 Con che frequenza? Completa le frasi liberamente, come nell'esempio.

~~andare in bicicletta~~ • ascoltare la musica • guardare la televisione • visitare un museo • cantare • leggere • andare a teatro

sempre *Luca va sempre in bicicletta.*

1 sempre ....
2 spesso ....
3 a volte ....
4 raramente ....
5 quasi mai ....
6 mai ....

9 Che cosa fanno nel tempo libero? Indovina.

1 Stefano e Monica amano scoprire nuovi posti e hanno già visitato diversi paesi. Il loro hobby è ....

2 Maria fa la spesa, invita amici a cena, sceglie il vino giusto e passa serate indimenticabili. Ha l'hobby della ....

3 Susanna parla italiano, francese, inglese e tedesco. Sta imparando lo spagnolo ed è molto attratta dal cinese. Ha un grande interesse per le ....

4 Paolo ha la casa piena di quadri, alcuni anche importanti. Va a visitare ogni nuova mostra. Ha un grande interesse per la ....

5 Nicoletta passa molto tempo nel suo giardino, cura i fiori e controlla le verdure dell'orto. Ha l'hobby del ....

6 Maurizio passa le serate alla scrivania, chatta, scrive e-mail e ha un suo blog. Il suo hobby è il ....

COMUNICAZIONE

10 Scrivi un testo sul tuo o sui tuoi hobby. Le domande ti aiutano.

- Che cosa fai nel tempo libero?
- Che hobby hai?
- Dove hai imparato a …?
- Da quando fai …?

Nel tempo libero ...

....

....

....

....

....

....

....

....

....

11 Com'è una tua domenica ideale? Descrivi la tua giornata. Parla anche dei tuoi hobby.

Di solito la domenica ...

4 SPORT

sci (m)	**partita**	**calcio**	**giocatore** (m)
sciare	**gara**	**pallone** (m)	**squadra**
		goal/gol (m)	
nuoto	**ginnastica**	**stadio**	**allenarsi**
nuotare	**palestra**		
piscina		**sportivo/a**	**tuta (da ginnastica)**
	tennis (m)	**campione** (m)	**scarpe (da ginnastica)** (pl)
jogging (m)	**campo da tennis**		
correre			

1 **Leggi le frasi e scrivi le parole tipiche di ogni sport sotto alle foto corrispondenti.**

Vado in piscina a nuotare. Faccio nuoto due volte alla settimana.

D'inverno in montagna scio. Pratico lo sci da quand'ero bambino.

Tutte le mattine mette tuta e scarpe da ginnastica e va a fare jogging. Corre molto e fa diverse gare.

Tutti i giorni va in palestra e fa un'ora di ginnastica. È molto sportivo.

Mi piace il calcio, ma non ho mai visto una partita allo stadio. Gioco a pallone. La mia squadra si sta allenando: dobbiamo giocare bene e fare tanti gol!

È un buon giocatore di tennis. Passa tanto tempo al campo da tennis e magari da grande diventerà un campione.

1 *nuoto* ....

2 ....

3 ....

4 ....

5 ....

6 ....

2 Leggi le frasi dell'esercizio 1 e scrivi le parole che vanno bene per più sport diversi.

tuta da ginnastica, ...

3 Completa con i nomi degli sport e dei luoghi.

sport	*jogging*					
luogo	*all'aperto*	*montagna*				

4 Collega le frasi.

1 Ha vinto tante gare.
2 Pratica lo sci.
3 Nuota.
4 Fa jogging.
5 Giocano a pallone.
6 Stanno facendo una partita a tennis.

Fa nuoto.
Giocano a tennis.
È un campione!
Giocano a calcio.
Scia.
Corre.

5 COLLOCAZIONI Leggi le frasi dell'esercizio 4 e completa.

giocare a → ....

fare → *ginnastica*, *sport*, ..., ..., *una gara*, ...

praticare → ....

essere → *(uno) sportivo*, ...

andare → *in palestra*, *in piscina*, *allo stadio*

6 Scegli le parole corrette.

Una sera, così per gioco, hanno avuto quest'idea: una *partita* / *gara* di calcio tra i due comuni, Albairate e Gaggiano.
Stasera **(1)** *la palestra* / *lo stadio* è pieno.
(2) *I giocatori* / *Gli sportivi* sono nervosi, **(3)** *si sono allenati* / *hanno corso* un po' dopo il lavoro, ma nessuno è un vero **(4)** *sportivo* / *giocatore*, tutti hanno **(5)** *giocato a calcio* / *fatto pallone* da bambini, ma adesso è già tanto se qualcuno fa un po' di **(6)** *jogging* / *gare* o va **(7)** *in palestra* / *allo stadio*.
Ecco il fischio! La **(8)** *partita* / *squadra* inizia. Marco **(9)** *corre* / *nuota* subito dietro al **(10)** *pallone* / *calcio*, pochi minuti dopo tira e fa già il primo **(11)** *gol* / *calcio*! Parte degli spettatori si alza e grida: "Marco! Sei un **(12)** *giocatore* / *campione*!".
La **(13)** *partita* / *gara* continua.
(14) *Le due squadre* / *I due campioni* segnano diversi **(15)** *gol* / *palloni*, dagli spalti si alzano sempre nuove grida e alla fine la **(16)** *squadra* / *partita* termina 9 a 8. Tutti sono contenti, ma stanchi morti.

7 Fai il cruciverba.

1 Le metti quando corri e sono da ginnastica o da tennis.
2 Uno sport in acqua.
3 Azione che fai in piscina o al mare.
4 Se sei in città, è il posto per fare nuoto.
5 C'è quello da tennis.
6 Pantaloni e maglione per fare sport.
7 Lo fai quando corri nel parco.
8 Se la fai e arrivi primo, vinci.
9 Azione che puoi fare in montagna d'inverno sulle piste.
10 È il posto dove uno fa ginnastica.
11 Si può giocare soli o in coppia.
12 Sono esercizi per il corpo.
13 Se fai la maratona devi …
14 È uno sport che fai sulla neve.

8 Non tutti fanno sport e non a tutti lo sport piace! Leggi e completa.

- A tutti piace il **(1)** C _ _ _ _ _ _ , anche quelli che non giocano a **(2)** P _ _ _ _ _ _ _ , parlano delle **(3)** P _ _ _ _ _ _ _ , dei **(4)** G _ _ _ _ _ _ _ _ _ _ famosi, dei **(5)** G _ _ visti allo **(6)** S _ _ _ _ _ _ _ . A me non interessa proprio per niente!
- Il **(7)** T _ _ _ _ _ _ è per me uno **(8)** S _ _ _ _ _ molto noioso: segui la pallina da una parte all'altra del **(9)** C _ _ _ _ e puoi addormentarti!
- Da qualche anno lo **(10)** S _ _ è diventato di moda, ma io non so **(11)** S _ _ _ _ _ _ e non voglio neanche imparare. Per me è uno sport molto costoso e pericoloso.
- Secondo me, ci sono tante persone che fanno sport perché gli altri lo fanno, tutti devono essere **(12)** S _ _ _ _ _ _ _ _ _ , andare in **(13)** P _ _ _ _ _ _ _ _ _ e fare **(14)** G _ _ _ _ _ _ _ _ _ _ _ . Io certamente no!
- Da piccolo avevo iniziato un corso di **(15)** N _ _ _ _ _ , ma subito alla prima lezione mi hanno buttato in **(16)** P _ _ _ _ _ _ _ _ . Da allora non ho mai imparato a **(17)** N _ _ _ _ _ _ _ _ .
- Non capisco proprio chi va regolarmente al parco a **(18)** C _ _ _ _ _ _ _ _ . Tanti fanno **(19)** J _ _ _ _ _ _ _ _ anche sotto la pioggia. Io la **(20)** T _ _ _ _ D A G _ _ _ _ _ _ _ _ _ _ _ _ la uso solo quando sono in casa perché è comoda!

COMUNICAZIONE

9 E tu fai sport? Che sport ti piace? Rispondi alle domande.

- Ti piace lo sport?
- Sei sportivo?
- Tu fai sport?
- Che sport fai?
- Fai sport regolarmente?
- Quante volte alla settimana?
- Sai sciare?
- Fai jogging?

....

....

....

....

....

....

5 PROFESSIONI

architetto (m/f)
attore (m) / **attrice** (f)
avvocato (m/f)
cameriere/a
cantante (m/f)
commesso/a
contadino/a
cuoco/a
dentista (m/f)
direttore (m) / **direttrice** (f)
giornalista (m/f)
impiegato/a
infermiere/a
informatico (m/f)
ingegnere (m/f)
insegnante (m/f)
manager (m/f)
meccanico (m/f)
medico (m/f)
operaio/a
pilota (m/f)
postino/a
regista (m/f)
segretario/a
steward (m) / **hostess** (f)

LUOGHI DI LAVORO

1 Guarda le immagini e scrivi sotto i nomi di professione. Le parole del riquadro qui sopra ti aiutano.

cameriera ....

1 ....

2 ....

3 ....

4 ....

5 ....

6 ....

7 ....

8 ....

9 ....

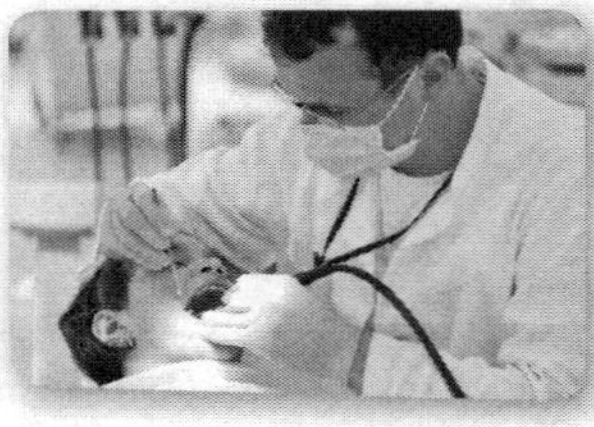
10 ....

11 ....

12 ....

13 ....

14 ....

15 ....

2 Che lavoro fanno? Completa con il maschile o il femminile. In alcuni casi la forma non cambia.

	Nicola è ...	Silvia è ...
	cameriere	*cameriera*
1		insegnante
2	impiegato	
3		giornalista
4		direttrice
5	ingegnere	
6		architetto
7		pilota
8	steward	

3 Dove lavorano? Collega le professioni ai luoghi adatti. Ci sono più persone che lavorano nello stesso luogo.

cameriere • insegnante • operaio • impiegato • commesso • cuoco • segretario • direttore • medico • ingegnere • infermiere • avvocato • manager • attore • architetto • regista • informatico

ristorante ....
scuola ....
fabbrica / ditta ....
ufficio ....
negozio ....
ospedale ....
studio ....
teatro / cinema ....

4 COLLOCAZIONI Guarda le due frasi date e completa con il verbo corretto.

È giornalista. (**essere** + nome) / **Fa il** giornalista. (**fare** + **articolo** + nome)

1 Vittorio .... meccanico.
2 Mia sorella .... la dentista.
3 Emma .... cantante.
4 Suo zio .... il contadino.
5 Giuliana .... pilota.
6 Mio fratello .... postino.
7 Un mio amico .... lo steward.
8 Giovanna .... insegnante.

5 Risolvi gli anagrammi, scrivi il nome della professione con o senza articolo e scegli il luogo di lavoro.

NTCOANDIN Pietro è *contadino*, lavora in una *ditta / fattoria.*
1 ENGTIASNNE Marinella è ...., lavora in una *scuola / fattoria*.
2 RATGEIS Francesco fa ...., lavora in un *teatro / ufficio*.
3 VOATVAOC Chiara è .... e ha *un negozio / uno studio* in centro.
4 SSSTHEO Viviana è .... e lavora *in un ristorante / sugli aerei*.
5 FIMRENIREE Giuseppe fa ...., lavora in *ospedale / ditta*.
6 AMRCEIEAR Cinzia è ...., lavora in *uno studio / un bar*.

6 Che cosa fanno? Indovina.

1 Serve in un ristorante. Fa il ....
2 Scrive articoli sui giornali. Fa il ....
3 Ripara le macchine. È ....
4 Distribuisce la posta. Fa il ....
5 Guida gli aerei. È ....
6 Cura i malati. Fa il ....
7 Coltiva i campi. Fa il ....
8 Dirige una ditta. È ....
9 Aiuta il capo a organizzare il lavoro. È ....
10 Canta e fa concerti. Fa il ....

7 Prova tu. Che cosa fanno queste persone? Le espressioni date ti servono d'aiuto per formulare le frasi.

servire i passeggeri • negozio • vendere la merce • fare da mangiare • progettare case • curare i denti • scuola • ristorante • aerei • insegnare

Il cuoco *fa da mangiare in un ristorante.*
1 La hostess ....
2 L'insegnante ....
3 Il commesso ....
4 Il dentista ....
5 L'architetto ....

8 Cerca nella griglia le 8 parole nascoste. Con le altre lettere completa la frase.

P	D	E	N	T	I	S	T	A	R	O	F	E
S	S	I	M	A	V	V	O	C	A	T	O	O
I	N	G	E	G	N	E	R	E	N	I	D	E
V	I	D	D	I	R	E	T	T	O	R	E	I
P	L	O	I	N	S	E	G	N	A	N	T	E
M	A	R	C	H	I	T	E	T	T	O	A	R
I	N	F	O	R	M	A	T	I	C	O	T	I

Per esercitare queste _ o laurearti.

9 **Che cosa faranno fare da grandi? Scrivi per ogni persona il lavoro che può fare. Ci sono più risposte possibili.**

Carlo è molto bravo in matematica e disegna molto bene. Magari da grande farà *l'architetto.*

1 Roberta ha un solo hobby: la musica. Le piace cantare e canta molto bene. Magari da grande farà ....

2 Giulio ama viaggiare, gli piacerebbe girare il mondo. Come tanti bambini, Giulio gioca al computer e ama le macchine, i treni e soprattutto gli aerei. Magari da grande farà ....

3 A Paola piace tantissimo andare in bicicletta, ma quando è a casa legge molto e poi scrive tanto e sa scrivere molto bene. Magari da grande farà ....

10 **Per quali delle professioni incontrate in questo capitolo sono importanti le seguenti caratteristiche? Ci sono più risposte possibili.**

1 sapersi organizzare ➔ ....
2 avere forza fisica ➔ ....
3 amare il contatto con gli altri ➔ ....
4 essere creativi ➔ ....
5 essere disponibili ➔ ....

COMUNICAZIONE

11 **Scrivi un breve testo sulla tua professione come nell'esempio dato.**

- Che lavoro fai?
- Dove lavori?
- Cosa fai?
- Ti piace il tuo lavoro?

Io faccio l'insegnante. Lavoro in una scuola e insegno ai bambini. Il mio lavoro mi piace molto perché amo stare con i bambini.

....

6 LAVORO

curriculum (vitae) (m) **colloquio** **qualificato/a** **laureato/a** **diplomato/a** **esperienza** **stage** (m)	**facile** **difficile** **duro/a** **pesante** **pericoloso/a** **interessante** **monotono/a** **noioso/a** **vario/a** **pagato/a male** **ben pagato/a**	**orario** **a tempo pieno** **part-time** (m) **ferie** (pl) **collega** (m/f) **capo** **posto (di lavoro)** **contratto (di lavoro)**	**guadagnare** **stipendio** **salario** **pensione** (f) **straordinari** (m, pl)

1 **Leggi il testo e sottolinea le parole corrispondenti al tema "lavoro", come nell'esempio.**

Dopo essermi diplomato ho fatto uno stage e poi ho avuto un posto di lavoro part-time. Era un lavoro duro, pesante, noioso, monotono e anche pericoloso. In più dovevo fare gli straordinari e il lavoro era pagato male, il salario era bassissimo, non guadagnavo abbastanza, e le ferie erano poche.
Così ho ripreso a studiare e dopo la laurea ho spedito diversi curricula e fatto alcuni colloqui. Avevo esperienza, ero laureato e qualificato. Volevo trovare un lavoro a tempo pieno con orari buoni, senza troppi straordinari, ben pagato, ovviamente. Il lavoro doveva essere interessante e vario, il capo gentile e in gamba, i colleghi simpatici e disponibili.
Alla fine ho firmato un contratto per un posto di lavoro che desidero occupare fino a quando andrò in pensione. Il mese scorso mi hanno addirittura aumentato lo stipendio!

2 **Confronta con il riquadro in alto. Hai sottolineato tutte le parole?**

3 Leggi il testo dell'esercizio 1 e scrivi le parole che descrivono i due lavori, quello prima e quello dopo la laurea.

prima della laurea: *part-time* ....

dopo la laurea: ....

4 Trova i contrari. Aiutati con le parole dell'esercizio 3. Poi rispondi alla domanda personale.

	facile	*difficile*
1	monotono	....
2	ben pagato	....
3	part-time	....
4	interessante	....

Descrivi il tuo lavoro ideale con tre aggettivi.

....

....

....

5 COLLOCAZIONI Completa le frasi con le espressioni date. Coniuga i verbi quando necessario.

1 La mattina, quando esci di casa, ...
e la sera, quando rientri, ...
2 Quando uno arriva in ufficio, ...
3 Uno deve .... se non lo ha.
4 Se non sei contento del lavoro che fai, puoi cercare di ....
5 Quando uno lavora male, rischia di ....
6 Ha spedito tanti curricula e ha fatto diversi colloqui, alla fine ....

cercare lavoro
tornare dal lavoro
trovare lavoro
perdere il lavoro
mettersi al lavoro
cambiare lavoro
andare al lavoro

6 COLLOCAZIONI Collega per avere frasi complete.

1 ☑ *c* Sono tornato tardi dal lavoro …
2 ☐ Voglio cambiare lavoro …
3 ☐ Va al lavoro solo alla mattina …
4 ☐ Cristina cerca già lavoro …
5 ☐ Ho perso il lavoro …
6 ☐ Adesso mi metto seriamente al lavoro …

a. perché tra poco finisce gli studi.
b. perché il lavoro che faccio è pesante e pericoloso.
c. perché ho fatto gli straordinari.
d. perché fa un lavoro part-time.
e. perché non riuscivo mai ad arrivare puntuale.
f. perché altrimenti non faccio in tempo a finire tutto.

7 Fai il cruciverba e completa la frase con la parola trovata nelle caselle grigie.

1 Con qualifiche specifiche.
2 Periodo da fare in un luogo di lavoro per imparare il lavoro.
3 Che ha ottenuto la laurea.
4 Conoscenza di qualcosa ottenuta per mezzo della pratica.
5 Che ha ottenuto un diploma scolastico.

1					Q					F				T	
2									G						
								V							
3			U				T								
4				E								N	Z		
5						P	L								

Pronto per il mondo del _ _ _ _ _ _ !!!

8 COLLOCAZIONI Collega. Rileggi il testo dell'esercizio 1 come aiuto.

1 fare
2 firmare
3 spedire
4 aumentare
5 fare
6 avere
7 fare
8 andare

a. il contratto di lavoro
b. lo stipendio
c. esperienza
d. uno stage
e. un curriculum
f. gli straordinari
g. in pensione
h. un colloquio

9 COLLOCAZIONI Completa con i verbi dell'esercizio 8. Fai attenzione a coniugarli al tempo corretto.

1 .... ieri il contratto di lavoro. Il primo giugno inizio!
2 Noi operai dobbiamo .... spesso gli straordinari.
3 Nadia oggi è tutta contenta: le .... lo stipendio.
4 Stasera esco con i miei colleghi per salutare Marco che .... in pensione.
5 Simona .... uno stage di sei mesi all'estero. È tornata pochi giorni fa.
6 Prima finisco l'università, poi inizierò a .... curricula.
7 Anche se non .... esperienza, lo hanno assunto lo stesso.
8 Hanno trovato il mio curriculum interessante e adesso devo .... il colloquio. Speriamo in bene!

10 Che cosa è importante quando si cerca un nuovo lavoro? Cerca nella griglia le 8 parole nascoste. Con le altre lettere trovi l'espressione per completare la frase.

C	O	N	T	R	A	T	T	O	O	F	C
O	N	D	C	I	Z	I	O	N	R	E	I
S	T	R	A	O	R	D	I	N	A	R	I
S	T	I	P	E	N	D	I	O	R	I	D
I	L	C	O	L	L	E	G	H	I	E	A
V	S	A	L	A	R	I	O	O	O	R	O

Quando si cerca un nuovo lavoro, si deve fare attenzione alle

_ _ _ _ _ _ _ _ _ _ _ _ _

_ _ _ _ _ _ _ _ _ _ _ .

11 Com'è il lavoro di queste persone? Scegli le parole adatte.

1 Barbara è commessa, ha un lavoro *part-time / a tempo pieno* in un negozio del centro, lavora solo la mattina così il pomeriggio lo passa con i suoi bambini.

2 Bruno è manager. Guadagna molto bene, ma lavora tanto, non ha *orari / ferie*, spesso rientra dopo le 9 di sera.

3 Nicola è contadino. Il suo lavoro è *monotono / duro* e *pesante / facile* e poi, in pratica, non può andare mai via: non ha mai *straordinari / ferie*.

4 Maristella lavora in un teatro. È attrice. Il suo lavoro è *noioso / vario* e *interessante / monotono*, ma pagato male.

5 Giovanni è impiegato, il suo lavoro è monotono ma in ufficio i *colleghi / laureati* sono simpatici e *lo stipendio / il curriculum* è buono.

6 Filippo non ha *orari / esperienze lavorative*, ha appena finito l'università e sta facendo *un contratto di lavoro / uno stage*. È alla ricerca di un posto di lavoro.

COMUNICAZIONE

12 Com'è il tuo lavoro? Leggi le domande e le diverse risposte, poi scrivi un breve testo.

- A che ora inizi a lavorare?
- Quando torni dal lavoro?
- Com'è il tuo lavoro?
- Guadagni bene?
- Come ti trovi al lavoro?
- Come sono i tuoi colleghi? / Com'è il tuo capo?
- Hai tanti giorni di ferie?
- Che cos'è importante per te sul lavoro?

✔ Inizio a lavorare alle … / verso …
✔ Torno alle … / verso …
✔ Il mio lavoro è vario / interessante / pesante / …
✔ Sì, abbastanza. / No, sono pagato male.
✔ (Non) Mi trovo bene. / (Non) Vado volentieri al lavoro.
✔ I miei colleghi sono … / Il mio capo è …
✔ Sì, ho … giorni di ferie. / No, ho solo … giorni di ferie.
✔ Per me è importante guadagnare bene / lo stipendio / avere un lavoro interessante / non dover fare straordinari / …

....

....

....

....

....

7 VACANZE

mare (m)
montagna
lago
isola
campagna
città d'arte

agenzia di viaggi
catalogo
viaggio organizzato

albergo
hotel (m)
pensione (f)
agriturismo
campeggio
camper (m)
tenda

prenotare
bassa / alta stagione (f)

spiaggia
sdraio (f)
ombrellone (m)
noleggiare

gita
turista (m/f)
guida (turistica)
valigia

caratteristico/a
tipico/a
locale

1 Leggi e segna se le frasi sono vere o false.

Agenzia di viaggi Cremonesi

LE NOSTRE PROPOSTE

agriturismo tranquillo
e caratteristico nella
campagna toscana
alta e bassa stagione
prodotti locali

vacanza al mare • isola d'Elba
hotel 3 stelle
spiaggia
privata,
ombrellone e
due sdraio

campeggio sul lago d'Orta
possibilità piazzuole per
camper o tenda

viaggio organizzato • 5 giorni
città d'arte della Provenza
guida turistica
durante tutto il
viaggio
alberghi e
pensioni
tranquille

settimana in montagna •
Parco dello Stelvio
hotel wellness
ristorante con cucina tipica
gite in alta quota
si noleggiano mountain bike

		V	F
1	L'agenzia Cremonesi propone vacanze di vario tipo.	☐	☐
2	Si può passare una vacanza al lago in un hotel 3 stelle.	☐	☐
3	Propongono un viaggio organizzato nel Sud della Francia.	☐	☐
4	È possibile noleggiare biciclette presso un hotel nel Parco dello Stelvio.	☐	☐

2 Rileggi le proposte dell'agenzia Cremonesi e completa con le parole adatte.

dove fare vacanza
- *mare* ....
- ....
- ....
- ....
- ....
- ....

dove dormire
- ....
- ....
- ....
- ....
- ....
- ....
- ....

3 Leggi e completa il testo con le parole date nella forma grammaticale corretta.

agenzia • prenotare • tipico • mare • viaggio organizzato • montagna • locale • albergo • in bassa stagione • pensione • spiaggia • turista • città d'arte • guida turistica

Il signor Palombi ama l'arte e viaggia volentieri. Non farebbe mai una vacanza al **(1)** .... , in **(2)** .... sotto l'ombrellone, e non andrebbe mai neanche in **(3)** .... o al lago dove si annoierebbe. Il signor Palombi ama viaggiare e visitare **(4)** .... sia in Italia che all'estero.
La scorsa settimana è andato in **(5)** .... e ha visto l'offerta per il **(6)** .... nel Sud della Francia. È entrato, si è informato e alla fine **(7)** ....
Si tratta di un viaggio di 5 giorni con visita di Avignone, Nîmes e Arles.
Una **(8)** .... italiana accompagna il gruppo per l'intero viaggio.
Gli **(9)** .... e le **(10)** .... in programma sono di 3 o 4 stelle, tutti tranquilli. I ristoranti scelti propongono una cucina **(11)** .... e **(12)** .... Il periodo è perfetto: **(13)** .... quando non ci sono troppi **(14)** ....

4 COLLOCAZIONI Collega i disegni alle frasi corrispondenti.

1 *d*

2 ....

3 ....

4 ....

a. fare la valigia

b. andare in spiaggia

c. visitare una città d'arte

d. disfare le valigie

5 Metti in ordine cronologico queste azioni.

partire per le vacanze • decidere dove andare • prenotare un albergo

decidere dove andare - prenotare un albergo – partire per le vacanze

1 prenotare • andare in un'agenzia di viaggi • guardare alcuni cataloghi

2 prendere il sole • noleggiare un ombrellone e una sdraio • andare in spiaggia

3 fare la valigia • partire in vacanza • organizzare un viaggio

4 disfare le valigie • pensare ad una nuova vacanza • tornare dalla montagna

6 Inventa una frase per ogni gruppo di azioni dell'esercizio 5.

Abbiamo deciso dove andare, poi abbiamo prenotato un albergo e siamo partiti per le vacanze.

7 Fai il cruciverba.

1 È come una casa quando sei in campeggio.
2 Lo è una persona in viaggio di piacere.
3 Ripara dal sole in spiaggia.
4 C'è quella bassa e quella alta.
5 È una casa con le ruote.
6 Ci metti dentro quello che porti in vacanza.
7 Quella turistica dà informazioni su luoghi di interesse e monumenti.
8 Insieme delle offerte di una agenzia con foto e prezzi.
9 È un sinonimo di "hotel".
10 Prendere per un certo periodo un'auto o una bicicletta in cambio di una somma di denaro.

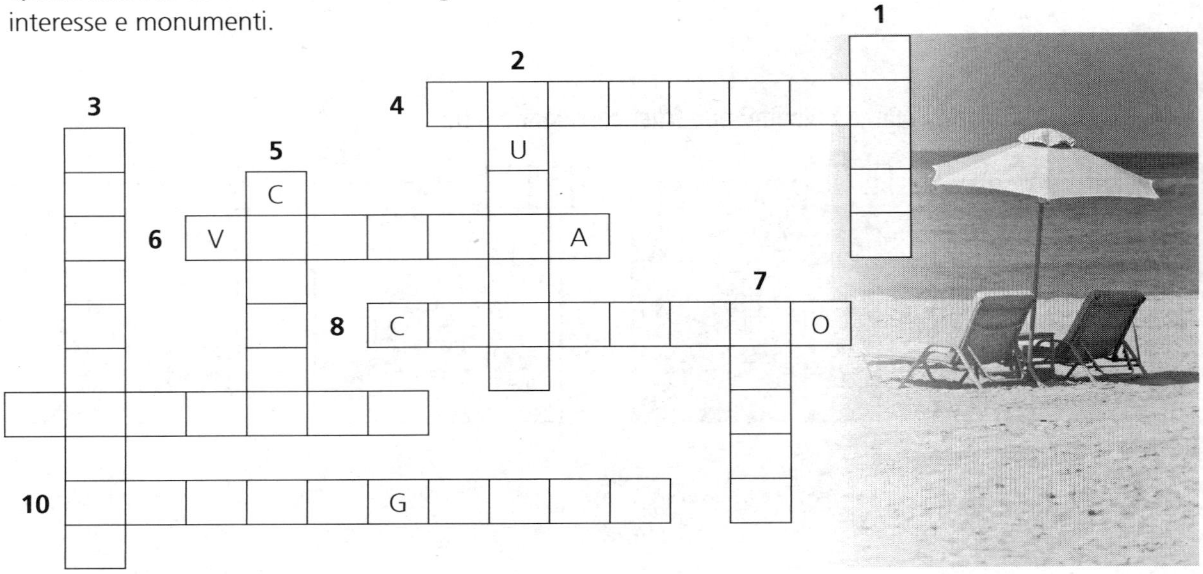

8 Chi va dove? Scrivi il nome del tipo di alloggio e collega alla foto.

1 Stefano è uno studente, non ha tanti soldi, ma vuole passare una settimana con alcuni amici al mare. Ha già girato mezza Europa con lo zaino in spalla.

....

2 Martina e Gianni sono una giovane coppia attenta all'ambiente. Amano la natura, l'autenticità e l'ospitalità.

....

3 In vacanza, i signori Di Donato non devono far niente: amano passare le giornate in spiaggia o a bordo piscina e cenare al ristorante.

....

a

b

c

COMUNICAZIONE

9 Leggi le risposte e trova per ogni frase la domanda corrispondente.

Dove vai (di solito) in vacanza?

Di solito, vado al mare / in montagna / al lago / …

1 ....

In albergo / hotel. / In tenda, in campeggio. / …

2 ....

Nella bassa / alta stagione.

3 ....

Vado in agenzia. / Organizzo tutto da solo. / Prenoto solo …

10 Quale vacanza fa per te? Dove ti piace andare? Scrivi un breve testo. Aiutati con le frasi date.

- Mi piace andare in hotel / … perché …
- Non mi piace andare dove ci sono troppi turisti.
- A me piace organizzare la mia vacanza come voglio io.
- Io prenoto l'albergo su Internet.
- Preferisco prenotare tramite un'agenzia di viaggi.
- A me piace andare in posti caratteristici.
- La mia vacanza ideale è …
- Io visito volentieri le città d'arte.

....

....

....

....

....

8 VIAGGIARE

aeroporto
stazione (f)
fermata

salire
scendere
cambiare
coincidenza
binario

biglietteria
biglietto
classe (f)

volare
compagnia aerea
check-in (m)

passeggero
controllore (m)

sportello
informazioni (f, pl)
orario
partenza
arrivo
ritardo
puntuale
cancellare

bagaglio (a mano)
carrello

vagone (m)
scompartimento
finestrino
corridoio

MEZZI DI TRASPORTO

1 Leggi i due testi. Poi leggi le frasi e indica con una crocetta per quale mezzo di trasporto sono vere. Possono essere vere anche per tutti e due i mezzi.

A me piace viaggiare in treno. Le **stazioni** mi affascinano. E mi piace comprare il mio **biglietto** in **biglietteria**, come una volta! Prendo sempre tempo, vado al **binario**, **salgo** sul treno, cerco i **vagoni** di seconda **classe**, mi siedo in uno **scompartimento**, vicino al **finestrino** o al **corridoio**.
Quando passa il **controllore**, faccio vedere il **biglietto**; quando c'è una **fermata**, osservo i **passeggeri** che **scendono** e **salgono**. Se devo **cambiare**, chiedo prima in stazione, allo **sportello informazioni**, gli **orari** per le **coincidenze** e mi informo se il treno è **puntuale** o in **ritardo**.

Viaggio volentieri in aereo. Con Internet trovi informazioni su **orari**, **compagnie aeree**, **partenze** e **arrivi**. Con il **biglietto** e il **check-in** online non c'è neppure bisogno di andare in **aeroporto** troppo tempo prima: basta mezz'ora. Lì consegni i **bagagli** e sali sull'aereo - io chiedo sempre un posto vicino al **finestrino** o tutt'al più al **corridoio**, mai tra i due! Quando parti, **voli** tranquillo, io leggo oppure scambio due parole con il **passeggero** vicino, poi la hostess ti offre qualcosa … il tempo passa in fretta. Ho già preso molte volte l'aereo e fino ad adesso non mi **hanno** mai **cancellato** un volo; un po' di **ritardo**, invece, qualche volta c'è!

		aereo	treno
1	Bisogna arrivare almeno mezz'ora prima della partenza.	☐	☐
2	Puoi sederti vicino al finestrino o al corridoio.	☐	☐
3	Puoi sederti in uno scompartimento.	☐	☐
4	Ci sono due (o più) classi.	☐	☐
5	Fa fermate.	☐	☐

2 Leggi i due testi dell'esercizio 1 e scrivi le parole in grassetto al posto giusto.

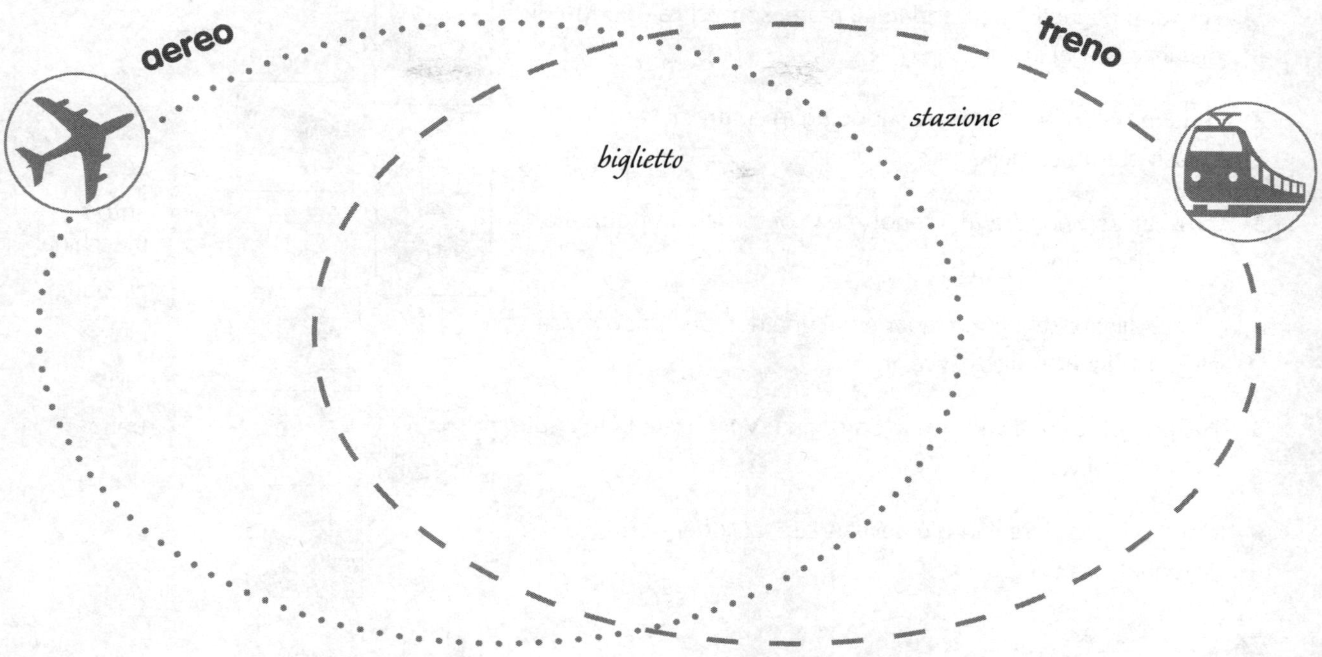

3 COLLOCAZIONI Completa con le parole e le espressioni date nella forma grammaticale corretta.

salire sull'aereo • orari • finestrino • consegnare i bagagli • comprare il biglietto • aeroporto • fare il check-in

Se viaggi in aereo:

1 Prima ti informi su .... e prezzi, poi ....
2 Prima di andare in ...., puoi .... online.
3 In aeroporto prendi un carrello per le valigie, poi vai al banco del check-in e ....
4 Alla fine .... e ti siedi vicino al ....

cambiare treno • salire sul vagone • essere in ritardo • coincidenza • andare al binario • alla fermata • allo sportello informazioni

Se viaggi in treno:

5 Prima vai alla stazione, poi ....
6 Se hai una prenotazione, prima .... giusto, poi cerchi il tuo posto.
7 Se leggi che il treno ...., chiedi .... il motivo.
8 Prima ti informi se devi ...., poi scendi .... dove hai la ....

4 Che altri mezzi di trasporto conosci? Leggi le situazioni e completa.

1 Hai tanti bagagli e devi andare al mare, sono circa 300 Km di distanza. Ci vai in ....

2 Abiti in periferia e vuoi fare shopping in centro, il centro è chiuso al traffico delle auto. Ci vai in ....

3 Arrivi all'aeroporto a mezzanotte e vuoi tornare in fretta a casa. Prendi un ....

4 Vivi a Milano, sei un manager e hai una riunione importante alle 11.00 a Bruxelles. Ci vai in ....

5 Hai prenotato una vacanza in Sardegna. Vuoi avere la tua auto sull'isola. Ci vai in ....

6 Non vuoi prendere l'auto e devi andare a Modena. Abiti a Bologna. Ci vai in.................................... .

aeo
auto / macchina
autobus
nave
taxi
treno

5 Leggi le frasi. Che parole mancano? Fai il cruciverba.

1 Con che … aerea voli?
2 Il nostro treno parte dal … 21.
3 Dove trovo un …? Questa valigia è troppo pesante.
4 A che … scendi?
5 Vado a prendere Chiara in …, arriva col volo della sera.
6 Ho perso la …, adesso devo aspettare un'ora.
7 Deve … a Firenze, ma ha pochissimo tempo.
8 Devo … a Salerno. Manca ancora mezz'ora.
9 Il treno è in …, arrivo mezz'ora dopo.
10 Ha solo un … a mano?
11 Devo comprare ancora il … per Verona.
12 Dove si trova la prima …?
13 Accompagno Giancarlo alla …, parte col treno delle 8.00.
14 Vorrei un posto vicino al …, per favore.

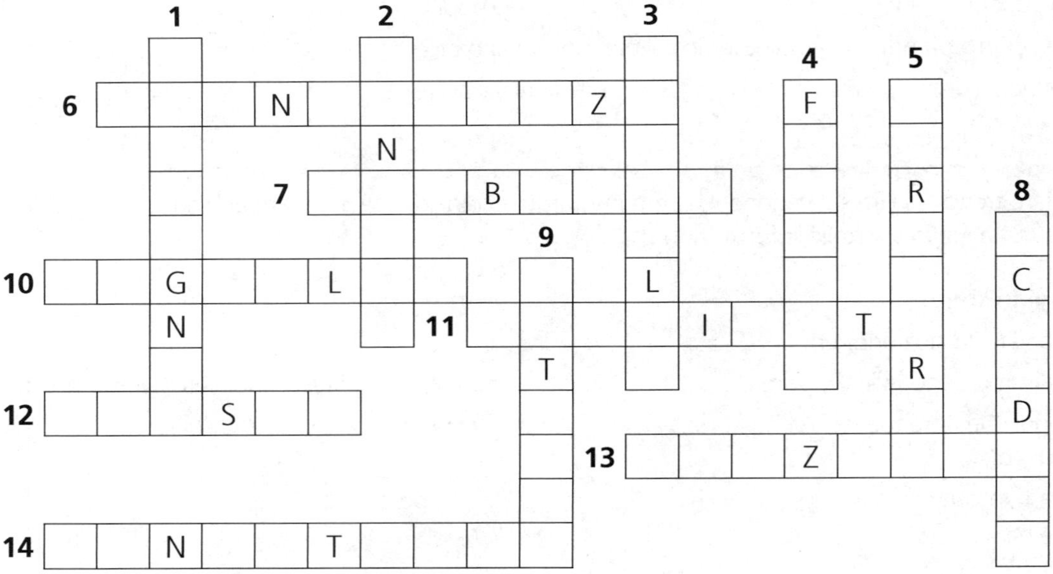

6 Leggi il testo e completa con le parole date.

stazione (2x) • aeroporto (2x) • compagnia aerea • orari • fermate • check-in • ~~ritardi~~ • passeggeri (2x) • biglietti • volare • classe • bagaglio

Tu prenderesti il treno o l'aereo?
Roma-Milano in 3 ore, poco più o poco meno, è oramai realtà. Ovviamente, R I T A R D I permettendo!
Si può **(1)** _ _ _ _ _ _ , il volo dura solo 1 ora e 10 minuti, ma bisogna calcolare anche il tempo per raggiungere l' **(2)** _ _ _ _ _ _ _ _ _ e dall' **(3)** _ _ _ _ _ _ _ _ _ il centro città. Con il **(4)** _ _ _ _ _ - _ _ online si guadagna tempo, ma *Alitalia*, la **(5)** _ _ _ _ _ _ _ _ _ _ _ _ _ _ che copre la tratta Roma Fiumicino - Milano Linate, spera di ottenere facilitazioni ai varchi di sicurezza e ai gate per permettere ai possibili **(6)** _ _ _ _ _ _ _ _ _ _ di spostarsi da centro a centro in 3 ore e 20 minuti. *Alitalia* ha inoltre aumentato il numero dei voli, soprattutto negli **(7)** _ _ _ _ _ di punta.
Tuttavia molti **(8)** _ _ _ _ _ _ _ _ _ _ , da quando c'è l'Alta Velocità, scelgono il treno.
I treni *Frecciarossa* percorrono la stessa tratta, senza **(9)** _ _ _ _ _ _ _ intermedie, in 3 ore circa. Inoltre, *Trenitalia* propone le prime tariffe low cost su rotaia, circa 30 euro in seconda **(10)** _ _ _ _ _ _ .
Chi prenota prima, spende meno, come già per i **(11)** _ _ _ _ _ _ _ _ _ aerei.
Oltre al fatto di arrivare in **(12)** _ _ _ _ _ _ _ _ Centrale o in **(13)** _ _ _ _ _ _ _ _ Termini, cioè già in centro città, in treno non ci sono limitazioni per il **(14)** _ _ _ _ _ _ _ _ , si può comunicare e anche connettersi a bordo.

COMUNICAZIONE

7 Leggi le tre domande e le risposte date. Scrivi poi le tue risposte.

- Come ti sposti di solito?
- Qual è il mezzo di trasporto che usi di più?
- Con quale mezzo di trasporto viaggi volentieri?

✔ Normalmente prendo la macchina / viaggio in treno / …
✔ Uso di più la bicicletta perché …
✔ Se il viaggio è lungo, prendo volentieri il treno perché …

....
....
....

8 Tra aereo e treno, tu cosa preferisci? Leggi le domande e scrivi un breve testo.

- Se usi l'aereo, quale compagnia aerea preferisci?
- Compri i biglietti online?
- Fai il check-in online?
- Se usi il treno, compri i biglietti online o in biglietteria?
- Di solito hai sempre tanti bagagli?

....
....
....

9 TEMPO ATMOSFERICO

piovere
pioggia
sole (m)
splendere
sereno
nevicare
neve (f)
nuvola
nuvoloso
coperto

vento
nebbia
grandine (f)
temporale (m)

arcobaleno

grado
temperature (pl)
sotto (lo) zero /
sopra lo zero
ghiaccio

aria
cielo
luna
stella

ombra
luce (f)

STAGIONI

1 Leggi che cosa dice Anna di queste foto. Completa poi le due frasi sotto.

Qui eravamo in vacanza in Sicilia. Il sole splendeva ogni giorno alto in cielo, il cielo era sempre sereno e azzurro, mai una nuvola! Le temperature toccavano i 40 gradi. Cercavamo l'ombra e speravamo sempre in un temporale, ma niente!

In questa foto invece eravamo in Austria. L'idea era di camminare ogni giorno, ma abbiamo dovuto cambiare programmi. Ha piovuto molto, pioggia abbondante, cielo sempre coperto, nuvoloso tutti i giorni, molto vento. L'aria era fredda, la mattina c'era persino la nebbia e di notte le temperature andavano sotto lo zero. Ci mancava la neve, poi eravamo a posto!

In .... il tempo è stato bello.
In .... ha fatto brutto.

2 Guarda le immagini e completa con le parole dei testi.

grandine

1 ....

2 ....

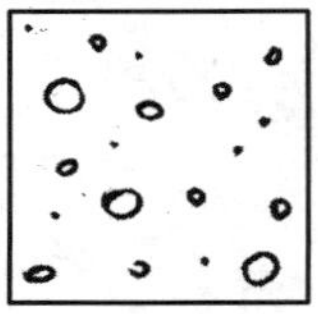
3 ....

4 ....

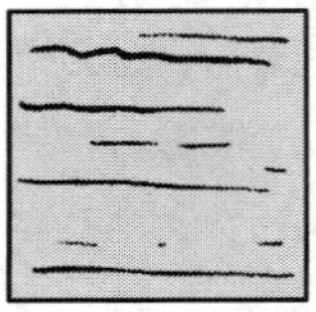
5 ....

3 Leggi le parole del riquadro in alto nella pagina accanto e completa.

bel tempo
- *temperature sopra lo zero*
- ......
- ......
- ......

brutto tempo
- *nevicare*
- *ghiaccio*
- ......
- ......
- ......
- ......

4 Completa le frasi con le parole date.

cielo • nevicare • sole • temporale

1 Se c'è il ...... , c'è tanta luce.

2 Di notte, in ...... , ci sono le stelle e la luna.

3 Dopo un ...... , se c'è il sole, si vede l'arcobaleno.

4 Se ...... e poi fa molto freddo, sulle strade si forma il ghiaccio.

5 COLLOCAZIONI Come puoi dirlo in altro modo? Collega.

1 Ci sono 35 gradi. (1 → c)
2 Ci sono solo 5 gradi.
3 Nevica.
4 C'è il sole.
5 C'è vento.
6 C'è nebbia.
7 C'è l'arcobaleno.
8 Ci sarà un temporale.

a. Tira vento.
b. Si è alzata la nebbia.
c. Fa caldo.
d. Fa freddo.
e. Arriva un temporale.
f. Cade la neve.
g. È uscito l'arcobaleno.
h. Il sole splende.

6 Com'è il tempo nelle diverse stagioni in Italia? Completa.

le temperature si alzano • le temperature si abbassano • le temperature sono sotto lo zero • le temperature sono sopra lo zero • fa caldo • fa freddo • piove • c'è nebbia • ci sono temporali • nevica • splende il sole • c'è vento • si trova ghiaccio sulle strade • il cielo è coperto • c'è tanta luce • il cielo è nuvoloso • il cielo è sereno • vien giù la grandine • l'aria è fredda • ci sono circa 20 gradi

in inverno ...

....

....

in estate ...

....

....

in autunno ...

....

....

in primavera ...

....

....

7 Fai il cruciverba e completa la frase sotto con le lettere delle caselle grigie.

1 Può essere azzurro, coperto, grigio, sereno ...
2 È in cielo e può essere bianca, grigia o nera!
3 È alta se c'è molto sole o bassa se nevica.
4 È di sette colori: rosso, arancione, giallo, verde, blu, indaco e viola.
5 È acqua che cade a gocce dal cielo.
6 Sono chicchi di ghiaccio che spesso accompagnano i temporali.

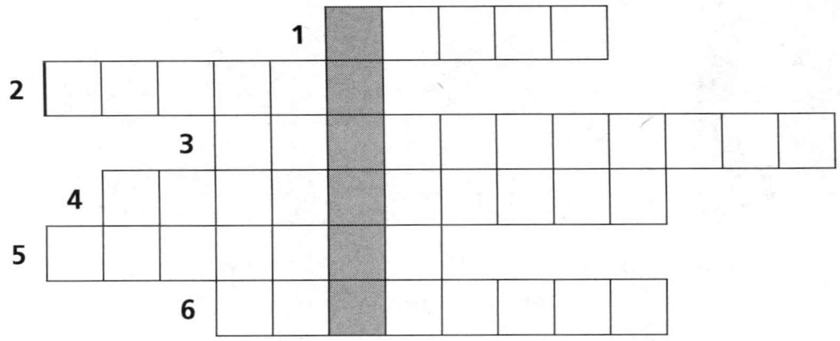

Oggi c'era un bel sole, ma il tempo __ __ __ __ __ __ . Domani deve piovere e fare freddo.

8 Risolvi gli indovinelli.

1 Sono tante e sono in cielo di notte. ....
2 È soffice, ma se è tanta, è pesante. ....
3 Arriva quando il sole, se ne va. ....
4 La vedi se hai il sole dietro di te. ....

9 Completa il testo con le parole che non ci sono.

Google

● Meteo ● Diretta ● Neve ● Webcam   Diretta Meteo: Italia Nord Centro Sud Isole

Previsioni meteo per il 18 novembre:
Nel Nord Italia **(1)** P _ _ _ _ _ À per tutta la giornata di domani.
Le **(2)** _ _ _ _ _ _ _ _ _ _ _ si abbasseranno e durante la notte andranno **(3)** _ _ T _ _ _ _ Z _ _ _ .
Pericolo di formazione di **(4)** G _ _ _ _ _ _ _ sulle strade. L' **(5)** _ _ _ _ fredda proveniente dall'Est europeo colpirà soprattutto il Friuli, il Trentino e il Veneto.
Sulle regioni dell'arco alpino **(6)** N _ _ _ _ _ _ _ À sopra ai 1600 metri.
È prevista **(7)** _ _ _ _ anche sulle Prealpi lombarde.

Nel centro **(8)** _ _ _ _ _ coperto e **(9)** V _ _ _ _ forte. Le temperature resteranno **(10)** _ _ P _ _ _ _ _ _ R _ , con massime intorno ai 10 **(11)** G _ _ _ _ . Possibili **(12)** _ _ _ G G _ in Toscana.

Nel Sud cielo **(13)** S _ _ _ _ _ e **(14)** V _ _ _ _ da Nord che porta nel corso della giornata **(15)** N _ _ _ _ E fino alla Puglia. Nel pomeriggio cielo **(16)** N _ V _ _ _ _ _ su tutte le regioni della penisola, **(17)** S _ _ _ solo su Sicilia e Sardegna.

COMUNICAZIONE

10 Leggi le domande e il testo. Poi guarda fuori dalla finestra e scrivi tu un testo simile.

- Che tempo fa?
- Com'è il tempo da voi oggi?
- Cosa dicono le previsioni?
- Domani ci sarà il sole?

....

....

....

....

C'è bel tempo, fa caldo, il sole splende. Ci sono 23 gradi circa. Da domani però il tempo cambia. Le temperature si abbasseranno e forse pioverà.

11 Che cosa ti piace? Perché? Scrivi una o due frasi come nell'esempio.

A me piace vedere cadere la neve, quando è tutto bianco perché ...

....

....

....

10 CARATTERE E ASPETTO FISICO

alto/a
basso/a
magro/a
grasso/a
piccolo/a
carino/a
brutto/a
giovane
vecchio/a

occhi (pl) **azzurri / castani / verdi**

biondo/a
bruno/a
castano/a
capelli (pl) **corti / lunghi / ricci / lisci**
calvo
barba
baffi (m, pl)

occhiali (m, pl)

simpatico/a
antipatico/a
gentile
sensibile
strano/a
pigro/a
ordinato/a
disordinato/a
ottimista (m/f)
pessimista (m/f)
timido/a

attento/a
sincero/a
vivace
furbo/a
serio/a

1 Miriam descrive i suoi figli, Sara e Francesco. Leggi e rispondi alle domande.

Sara non è bassa, ma sembra piccola perché è magra. È una bambina molto carina. Ha i capelli biondi, lunghi e ricci e gli occhi grandi e azzurri. Da poco porta gli occhiali. I bambini la cercano, tutti dicono che è simpatica e lei gioca volentieri, sa stare in gruppo. In fondo, però, Sara è molto timida; con le persone che non conosce osserva e ascolta, ma non parla. Sara è anche sensibile e sincera, mi racconta sempre tutto. A casa come a scuola è ordinata e attenta, è sempre pronta ad aiutare i compagni. A volte è un po' troppo pessimista, il contrario di suo fratello …

Francesco è più alto di Sara anche se ha un anno in meno. Non è grasso, ma non è neanche magro. Ha i capelli corti e lisci. I suoi capelli sono castani e gli occhi verdi. Francesco ha un carattere più difficile. È un bambino ottimista, vivace e furbo. Ogni tanto però si comporta in modo strano, diventa serio e antipatico. È anche molto pigro, ama essere servito! Inoltre, è molto disordinato, non sa mai dove ha lasciato le sue cose, però, in fondo, sa anche essere gentile sia in casa che a scuola con i suoi amici e i suoi compagni.

1 Sara è bassa?
☐ **A** Sì, è bassa. ☐ **B** No, però non è neanche alta.

2 E Francesco?
☐ **A** Lui è alto. ☐ **B** È basso.

3 Chi è bruno?
☐ **A** Sara. ☐ **B** Francesco.

4 Sara è pessimista?
☐ **A** Sì, a volte. ☐ **B** Sì, come suo fratello.

5 Chi è pigro?
☐ **A** Francesco. ☐ **B** Sara.

6 Francesco è gentile?
☐ **A** Sì, lo è. ☐ **B** Sì, si comporta in modo strano.

2 Completa la tabella con le parole dei due testi nella pagina accanto.

aspetto fisico	*bassa*
carattere	*simpatica*

3 Collega.

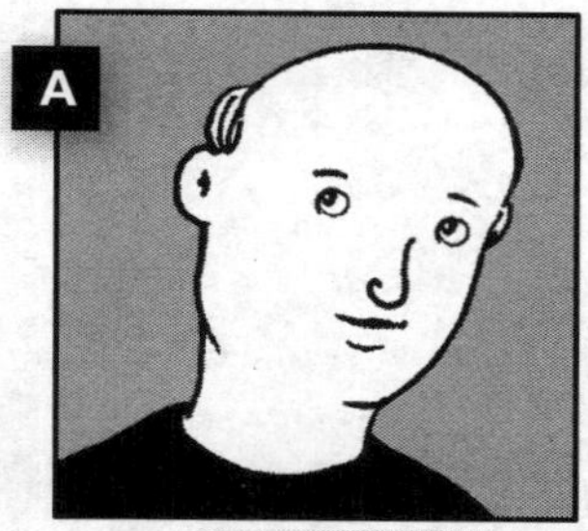

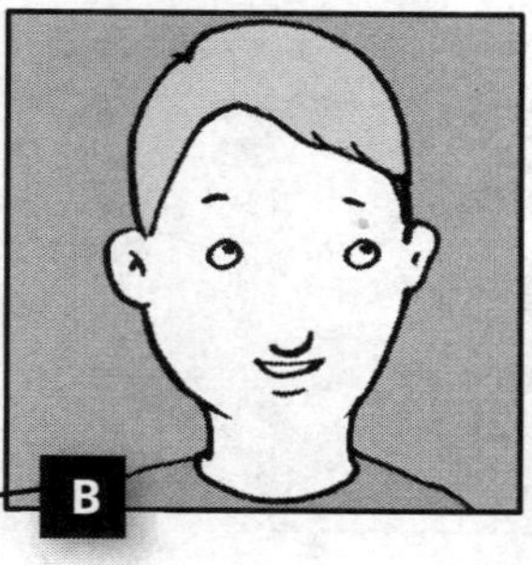

1 Ha i capelli lisci.
2 È riccio.
3 Ha la barba.
4 Ha i baffi.
5 È vecchio.
6 Ha i capelli lunghi.
7 È calvo.
8 Ha gli occhiali.

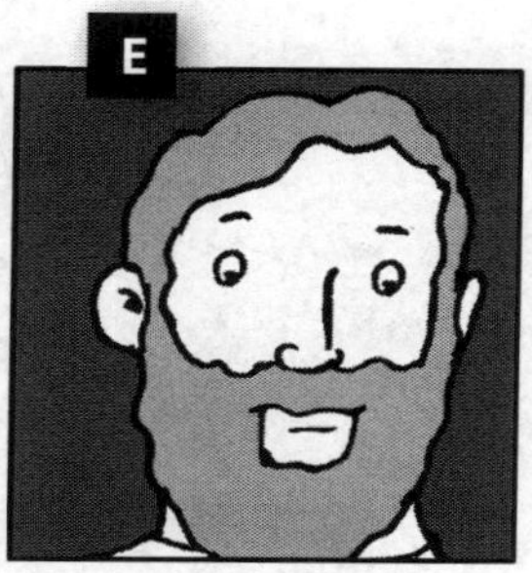

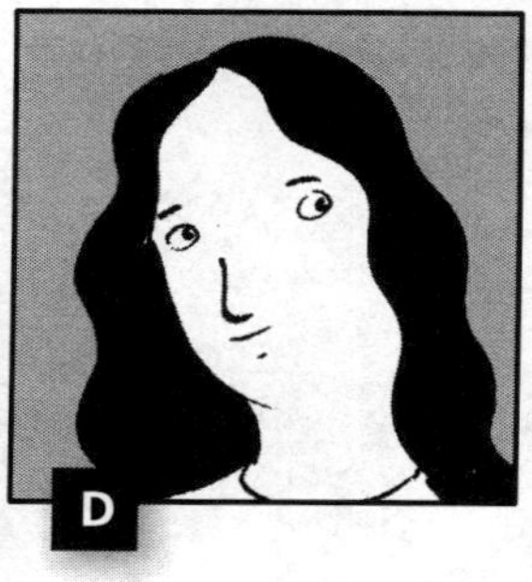

4 COLLOCAZIONI Leggi e completa con le forme corrette di *essere* o *avere*.

1 Io sono molto alto, mio fratello invece .... basso.
2 Ho rivisto Maria che è diventata molto magra, io invece .... grasso.
3 Ho tanti amici, uno è bello, l'altro .... carino, l'altro ancora .... brutto, qualcuno .... giovane, altri .... vecchi, ma sono tutti simpatici!
4 Mia sorella è bionda, io .... bruno.
5 Giuliana ha gli occhi azzurri, Federico li .... castani e Lisa verdi.
6 Prima avevo i capelli lunghi, adesso li .... corti.
7 Stefano ha i capelli ricci, Piero li .... lisci e Giovanni è calvo!
8 Mio fratello ha la barba, io .... i baffi e tutti e due portiamo gli occhiali.

5 **Trova 16 aggettivi nella griglia e riscrivi le altre lettere sui trattini. Completa poi la frase con l'aggettivo adatto a te!**

D	I	S	O	R	D	I	N	A	T	O	P
S	A	P	I	G	R	O	S	E	R	I	O
I	T	I	M	I	D	O	E	E	R	G	S
M	T	L	O	R	D	I	N	A	T	O	I
P	E	S	S	I	M	I	S	T	A	V	N
A	N	T	I	P	A	T	I	C	O	I	C
T	T	I	A	F	U	R	B	O	M	V	E
I	O	O	T	T	I	M	I	S	T	A	R
C	S	T	R	A	N	O	L	I	C	C	O
O	G	E	N	T	I	L	E	I	T	E	U

_ _ _   _ _ _   _ _ _ _ _ _   _ _

sei ....

6 **Scrivi i contrari.**

bello ⟷ ....

alto ⟷ ....

.... ⟷ grasso

giovane ⟷ ....

.... ⟷ bruno

simpatico ⟷ ....

ottimista ⟷ ....

.... ⟷ disordinato

.... ⟷ insensibile

disattento ⟷ ....

7 **Completa con l'aggettivo adatto.**

vivace • furbo • sensibile • pigro • serio • sincero • timido • attento

1 Non vuole mai fare niente, è un ragazzo ....
2 In ogni situazione lui riesce a trovare una soluzione, è ....
3 Con le persone che non conosce diventa rosso come un peperone. È molto ....
4 Sa capire bene i sentimenti degli altri. È una persona veramente ....
5 Quando suo fratello è in difficoltà, Carlo lo aiuta subito. È un bambino molto ....
6 Dice sempre la verità, è proprio ....
7 Quel bambino non sta mai fermo. È molto ....
8 Quando dice che farà qualcosa, puoi star certo che è vero, è una persona ....

8 Scegli le parole corrette.

1 Luca è *alto / basso* 1,75 cm ed è *magro / grasso*, mangia tanto ma non diventa *magro / grasso*.
2 Graziella ha solo 21 anni, è ancora molto *vecchia / giovane* ed è una bella ragazza. Ha *gli occhi / i capelli* verdi e i *capelli / baffi* *bruni / castani*.
3 Giuseppe è un uomo *corto / piccolo* senza capelli, è *calvo / biondo*, però ha *i capelli / la barba!*
4 Caterina è una ragazza *carina / antipatica* dai capelli *alti / lunghi* e *grassi / ricci*. Porta *gli occhiali / i baffi* che le danno un'aria seria. Caterina è anche una ragazza molto *simpatica / antipatica* e, infatti, tutti la cercano sempre.

5 Elia è *alto / calvo* e *biondo / verde*, ha i capelli *corti / biondi* e *lisci / castani*. Ha i *capelli / baffi* e porta gli *occhiali / occhi*. È un ragazzo *gentile / giovane*, ma molto *disordinato / ordinato*, perde tutto.
6 A me Massimo non piace, è un tipo *strano / castano* e poi mi sta *simpatico / antipatico*, non lo sopporto ... ed è anche *basso / castano* e *brutto / carino*!
7 Di Giusi si può solo dire del bene, è una ragazza *sensibile / antipatica*, molto *attenta / pessimista*, *strana / sincera*, *calva / seria* e *ordinata / disordinata*.
8 Oscar è quel ragazzo *vecchio / bruno* là in fondo. Vedi che è da solo, è molto *timido / vivace*, sono sempre gli altri che devono andare da lui.

COMUNICAZIONE

9 Leggi le domande e poi rispondi.

- Come sei fisicamente? Sei alto? Sei magro o grasso?
- Di che colore hai i capelli?
- Come hai i capelli?
- E di che colore hai gli occhi?
- Hai la barba / i baffi?
- Porti gli occhiali?

....

....

....

....

10 Che carattere hai? Descrivi il tuo carattere.

- Che carattere hai? / Com'è il tuo carattere?
- Qual è una tua qualità?
- E un aspetto negativo del tuo carattere qual è?

....

....

....

....

....

11 CORPO UMANO

testa
fronte (f)
faccia
baffi (m, pl)
barba
bocca
dente (m)
naso
occhio
capelli (m, pl)
orecchio

collo
lingua
gola

braccio
mano (f)
dito

spalla
seno
petto
torace (m)

vita
stomaco
pancia

sedere (m)
schiena

gamba
ginocchio
piede (m)

pelle (f)
sangue (m)
cuore (m)

DISTURBI (DI STAGIONE)

1 **Leggi e collega i quattro esercizi di ginnastica ai disegni.**

Esercizi di ginnastica da fare a casa

A

B

C

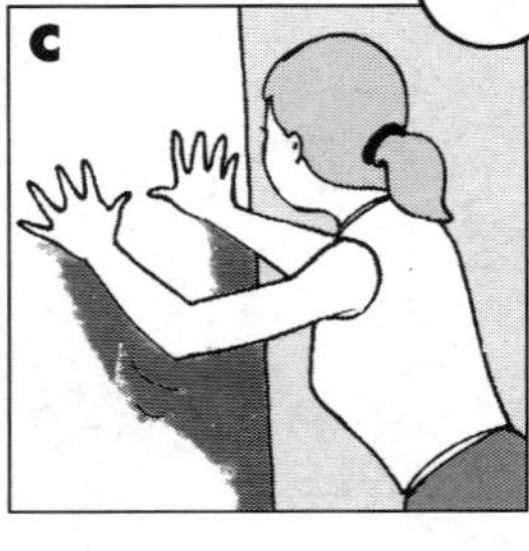

D

1 Elasticità del corpo: un ginocchio a terra e la gamba opposta in avanti. Flessione del busto in avanti fino a toccare con le mani la punta del piede.
Ripetere 10 volte per ogni gamba.

2 Per le braccia e per il seno: appoggiare braccia e mani al muro tenendo il corpo inclinato con la schiena diritta. Eseguite delle flessioni facendo forza sulle braccia.
Ripetere 20 volte.

3 Per le gambe: camminare in punta di piedi, braccia in alto, bilanciarsi prima su una, poi sull'altra gamba.
Per 3 minuti.

4 Per la vita: gambe divaricate, dita intrecciate dietro la testa, flettersi in avanti e disegnare un cerchio con la testa e le spalle intorno al bacino. Rialzarsi e cambiare senso rotatorio.
Ripetere 10 volte.

2 Che altre parti del corpo conosci? Guarda le parole nel riquadro in alto nella pagina accanto e completa.

3 Completa questo breve testo con le parole date.

orecchie • fronte • barba • bocca • ~~faccia~~ • occhi • naso • baffi • denti • lingua • capelli

La parte anteriore della testa è la ...*faccia*... con i due **(1)** .... , la **(2)** .... , il **(3)** .... , le due **(4)** .... ai lati e tutti i **(5)** .... attorno. In alto c'è la **(6)** .... Qualcuno ha anche la **(7)** .... o i **(8)** ....
In bocca ci sono i **(9)** .... e la **(10)** ....

4 Risolvi gli indovinelli. Riscrivi le parole date.

pelle • gola • sangue • stomaco • cuore

1 È rosso e scorre nel nostro corpo: ....
2 Se apri tanto la bocca, la vedi: ....
3 Batte nel nostro corpo: ....
4 Organo dove va il cibo per essere digerito: ....
5 Ricopre tutto il corpo dell'uomo: ....

5 Espressioni idiomatiche con le parti del corpo. Collega. Ricostruisci i mini-dialoghi.

1 Come risposta ha alzato le spalle.
2 Tu chiedi qualcosa e lei scuote sempre la testa.
3 Non ha aperto bocca!
4 Questa notte non ho chiuso occhio.
5 Batteva i denti.
6 Adesso apri bene le orecchie!
7 Si leccava i baffi!
8 Non ha mosso un dito.

a. Sì, ti ascolto.
b. Eh sì, non parla mai.
c. Sì, dice sempre di no.
d. Non vi ha nemmeno aiutato?
e. Non gli importa proprio niente.
f. Beh, faceva veramente freddo.
g. I dolci a lui piacciono tantissimo!
h. E perché non sei riuscito a dormire?

6 Completa con i verbi corretti. Guarda di nuovo l'esercizio 5.

In questo periodo Ornella, nostra figlia, è difficile. A tavola non
(1) .... bocca, in casa non aiuta, non
(2) .... un dito, qualsiasi proposta non la convince,
(3) .... solo la testa, mai un "sì"!
Ieri le ho detto di **(4)** .... bene le orecchie e le ho spiegato ancora una volta che in famiglia siamo in tre, che dobbiamo convivere.
Come risposta
(5) .... le spalle e se ne è andata in camera sua.

7 Fai il cruciverba.

1 Servono per vedere.
2 Possono essere ricci, lisci, castani, biondi …
3 La parte più alta del corpo.
4 Serve per respirare, ma non è la bocca.
5 Sono bianchi e sono al massimo 32.
6 Sono cinque in una mano.
7 Serve per parlare.
8 Servono per toccare.
9 Servono per sentire.
10 Grazie ad essa si distingue il dolce e il salato.
11 Occhi, naso e bocca sono parti della …
12 Per camminare usi gambe e …

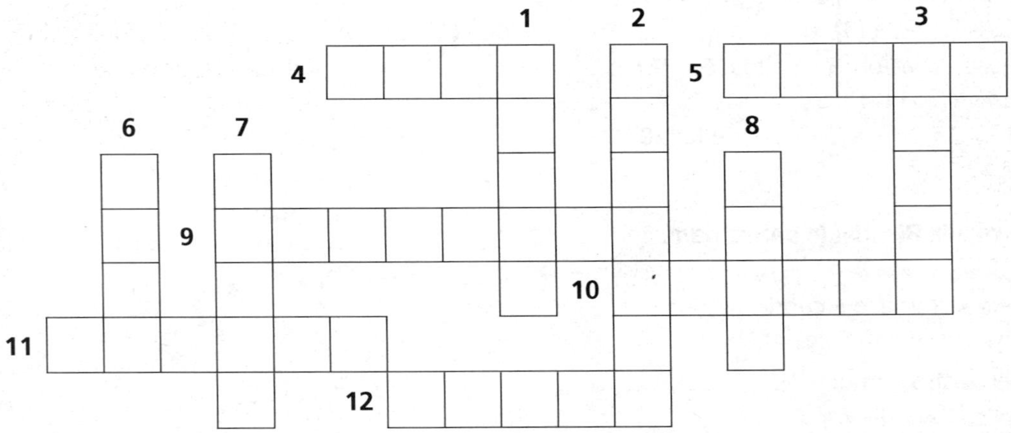

8 Scegli le parole corrette.

1 I bambini hanno *la pelle / la lingua* liscia e morbida.
2 Lucina ha *le ginocchia / le gambe* magre e lunghe.
3 Si usano i pantaloni *a vita / fronte* bassa che lasciano vedere *la pancia / la faccia*.
4 Mostra spesso il suo décolleté perché ha *un bel collo lungo / una bella gola lunga*.
5 Marco si è fatto crescere *la barba / il naso*. Prima, secondo me, era più bello.
6 Da quando fa la ginnastica per *la schiena / il torace*, non ha più problemi.

9 COLLOCAZIONI Leggi e completa con le parole date.

denti • schiena • gola • torace • pancia • braccio • gambe • orecchie • testa • collo • stomaco

1 Non stai bene? - No, ho la febbre e ho mal di __ __ __ __ .
2 Sono caduto in bicicletta e adesso mi fa male un __ __ __ __ __ __ __ .
3 Che cos'hai? - Mah, ho mal di __ __ __ __ __ __ __ , forse non ho digerito.
4 Ho mal di __ __ __ __ __ e un forte raffreddore.
5 Stefania è malata? - Ha mal di __ __ __ __ __ e infatti adesso va dal dentista.
6 Cosa ti fa male? - Ho mal di __ __ __ __ __ __ __ e mi fa male il __ __ __ __ __ , devo aver preso un colpo d'aria.
7 Carolina ha la tosse, ma oggi sta già meglio. Ieri stava proprio male, le faceva male anche tutto il __ __ __ __ __ __ .
8 Ho fatto jogging dopo tanto tempo e mi fanno male le __ __ __ __ __ .
9 Cosa si sente? - Ho mal d' __ __ __ __ __ __ __ __ , ho un po' di raffreddore e il naso chiuso.
10 Tutto a posto? - Sì, il mal di __ __ __ __ __ __ è passato e non mi fa male più niente!

COMUNICAZIONE

10 Leggi le espressioni. Poi collega le frasi sotto.

- Stai bene? / Stai meglio?
- Non sto bene. / Sto male. / Sto meglio.
- Sono sano.
- Sei malato?
- Che cos'hai? / Cosa ti senti?
- Cosa ti fa male?

(avere) mal di + pancia / testa / orecchie / …
avere + il raffreddore / la tosse / la febbre / …
mi fa male + una mano / una spalla / il collo / …
mi fanno male + le gambe / i piedi / …

1 Ho il raffreddore.
2 Sono andato a sciare e sono caduto.
3 Non ho dormito abbastanza.
4 Si è tagliata mentre cucinava.
5 Ha sollevato una valigia troppo pesante.
6 Deve andare in bagno.

a. Ha mal di schiena.
b. Mi fa male un ginocchio.
c. Ha mal di pancia.
d. Le fa male un dito.
e. Ho mal di testa.
f. Ho mal di gola.

11 Scegli una situazione e scrivi come ti senti. Le espressioni dell'esercizio 10 ti servono d'aiuto.

- Eri sudato e sei uscito al freddo.
- Sei andato in palestra e non sei abituato.
- Hai mangiato qualcosa che ti ha fatto male.
- Sei scivolato sul ghiaccio.

....

....

....

....

12 ABBIGLIAMENTO

pantaloni (m, pl) **jeans** (m, pl) **pantaloncini** (m, pl) **gonna** **giacca** **camicia** **camicetta** **maglietta** **maglione** (m) **felpa**	**vestito** **abito** **tailleur** (m) **cappotto** **impermeabile** (m) **giacca a vento** **cintura** **cravatta**	**cappello** **sciarpa** **guanti** (m, pl) **scarpe** (pl) **stivali** (m, pl) **sandali** (m, pl) **costume da bagno** (m) **tuta da ginnastica**	**pigiama** **calze** (pl) **taglia** **numero** **alla moda**

COLORI – MATERIALI

1 Leggi i due testi e completa con i capi di abbigliamento per uomo, donna o per entrambi.

Antonio ama vestirsi sportivo e alla moda. Mette sempre i jeans, raramente altri pantaloni, li porta senza cintura, come tanti ragazzi della sua età. Indossa sempre magliette, non ha camicie, e se fa freddo mette anche una felpa o un maglione. Calze e scarpe da tennis ed è pronto! D'inverno, ha sempre la sua giacca a vento verde e un cappello di lana nero. Antonio non ha mai indossato un abito e nemmeno ha mai messo una cravatta. Magari lo dovrà fare in futuro!

Annamaria lavora in ufficio e deve essere sempre elegante. Ha tanti tailleur, gonna e giacca o pantaloni e giacca, che porta con una maglietta e più spesso con una camicetta. A volte mette un vestito. D'inverno mette volentieri gli stivali, d'estate i sandali con un po' di tacco. A seconda delle temperature, indossa anche un impermeabile o il cappotto con guanti e sciarpa, se necessario. A casa però, Annamaria gira con la tuta da ginnastica oppure, se rientra tardi, si mette subito in pigiama.

uomo: ....

donna: ....

entrambi: ....

2 Che cosa si mette in estate e che cosa in inverno? Riscrivi i nomi dei capi d'abbigliamento.

d'estate si usano: *costume da bagno, pantaloncini,* ....

d'inverno si usano: ....

3 Fai i due cruciverba e completa le frasi con le due parole nuove.

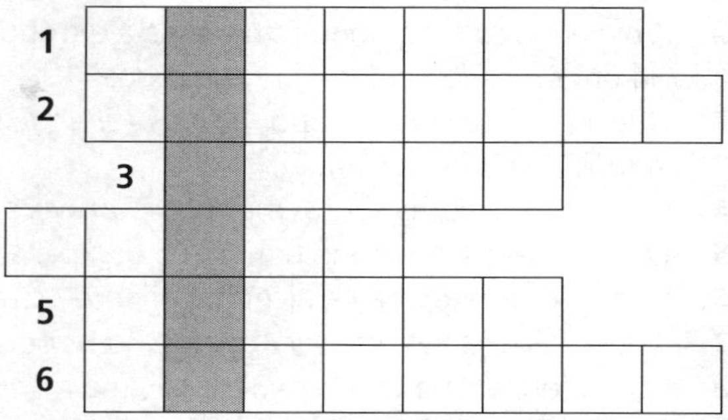

Che __ __ __ __ __ __ hai? • La 42.

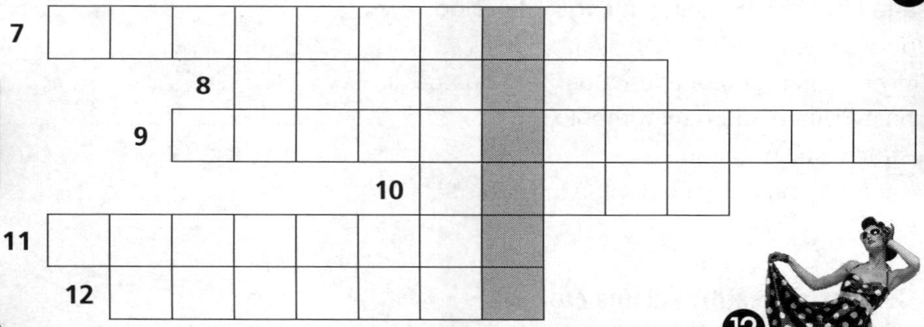

Che __ __ __ __ __ __ hai di scarpe? • Il 37.

4 COLLOCAZIONI Completa con le espressioni date.

un maglione • classico • un paio di scarpe • stretto • il ... di taglia • lungo • un cappello • alla moda • corto • il ... di numero di scarpe • elegante • piccolo • grande • largo

1	avere	.... / ....
2	cercare provare mettersi	.... / .... / ....
3	essere (un modello)	.... / .... / ....
4	essere	.... / .... / .... / .... / ....

5 COLLOCAZIONI Scegli la parola corretta.

1 Posso *provare / mettermi* quel cappotto in vetrina? - Certo, che taglia *ha / è*?
2 *Provo / Cerco* una gonna, ma questa è troppo classica. Ha un *modello / colore* più alla moda?
3 Queste scarpe sono troppo *piccole / grandi*, ma purtroppo non c'è *la taglia / il numero* in più.
4 Che freddo! Vorrei tanto *mettermi / provare* un bel maglione pesante di lana.
5 Questa giacca di cotone non mi va bene: è stretta ed è *corta / piccola* di maniche.
6 Vorrei comprare una camicetta *elegante / stretta*, di seta.
7 Questi stivali sono *grandi / piccoli*, ho bisogno di un numero in meno.
8 I pantaloni di lino erano molto belli, ma mi erano *larghi e lunghi / grandi e piccoli.*

(di) cotone
(di) lana
(di) lino
(di) seta

6 Leggi le situazioni e scrivi cosa possono mettersi.

1 Sandro va a fare jogging. *Si mette...* ....
2 Andiamo a fare una gita in campagna. ....
3 Lisa fa giocare il bambino in cortile, fa caldo. ....
4 Vado a letto, è tardi. ....
5 D'inverno, in montagna, esco per fare due passi. ....
6 Lucia è invitata ad un matrimonio. ....
7 È estate e vai in spiaggia. ....
8 Luciano ha una riunione d'affari importante. ....

7 Come sono vestiti? Fai una crocetta.

	elegante	sportivo
Fabio indossa un abito blu scuro, con una camicia azzurra e una cravatta a righe blu e grigia.		
Elisabetta è uscita con un paio di jeans, una maglietta viola e l'impermeabile beige.		
Nicoletta aveva un tailleur gonna e giacca verde scuro. Sopra ha messo il suo cappotto nero e ha preso cappello, guanti e sciarpa grigi.		
Franco stamattina ha messo un paio di pantaloni marroni, una felpa arancione e le scarpe da ginnastica bianche.		
Luisella si è messa un bel vestito colorato con una cintura marrone chiaro, gli stivali marroni e, per sicurezza, ha preso un maglione rosa e fucsia.		
Daniela vuole mettere un paio di pantaloncini a quadretti gialli e rossi, una maglietta in tinta unita sull'arancione e i sandali marroni.		

giallo
arancione
rosso
rosa
fucsia
viola
verde
azzurro
blu
marrone
grigio
nero
bianco
beige

8 Che cos'è? Scrivi il capo d'abbigliamento corretto.

1 Lo metti di notte: il ....
2 Lo metti al mare, in spiaggia: il ....
3 La metti d'inverno, in città ma anche in montagna: la ....
4 La metti quando vai in palestra: la ....
5 Li puoi mettere in ogni occasione, sono molto pratici: i ....
6 Si mettono quando si deve o vuole essere eleganti: per lui l' .... e per lei il ....
7 La metti per tenere su i pantaloni: la ....
8 Lo metti quando hai freddo: il ....
9 La si mette se non si indossa una maglietta: per lui la .... e per lei la ....
10 Alcuni lo mettono quando piove: l' ....

COMUNICAZIONE

9 Collega domande e risposte.

1 Che cosa desidera?
2 Posso aiutarla?
3 Che taglia ha?
4 Che numero porta?
5 Che modello cerca?
6 Di che colore lo vuole?
7 Lo vuole provare?
8 Come le sta?

a. La 42.
b. Cerco una gonna nera / un paio di scarpe con il tacco …
c. Ho il 38.
d. Rosso. / Marrone scuro. / …
e. Mi sta bene. / Mi è stretto. / Mi è largo.
f. Sì, avete gonne eleganti?
g. Sì, volentieri. Dov'è il camerino?
h. Vorrei un modello classico / elegante / alla moda.

10 Come ti vesti di solito? Rispondi con un breve testo.

- Come ti vesti di solito?
- Come ti vesti quando vai al lavoro?
- Come ti vesti nel tempo libero?

Io amo vestirmi elegante. Di solito metto ... Però per andare ... metto ... .

13 IN CITTÀ

via
piazza
strada
attraversare
strisce pedonali (pl)
diritto
girare
a destra / a sinistra
centro
zona pedonale

capitale (f)
paese (m)
villaggio
quartiere (m)
periferia
dintorni (m, pl)

angolo
marciapiede (m)

semaforo
incrocio
ponte (m)
parcheggio

direzione (f)
cartello stradale
autostrada
traffico
coda
incidente (m)

EDIFICI

1 Guarda le parole e completa il testo con alcune di esse.

piazza — zona pedonale — via — marciapiede — strisce pedonali — centro — parcheggio — incrocio — semaforo — traffico — ponte — cartello stradale — quartiere — strada — periferia

Una città è composta da tanti Q U A R T I E R I, c'è sempre un centro e una **(1)** P __________, ma la città è una, è un insieme di **(2)** V ___, di **(3)** P ________, di ponti, di **(4)** S ______. In città c'è sempre tanto **(5)** T _________ e allora tutto è regolato con **(6)** C ________ S __________, **(7)** S __________, **(8)** I ________, parcheggi.

Per chi va a piedi ci sono i **(9)** M ____________,
le **(10)** S ________ P _________ e le zone pedonali.

2 Risolvi gli anagrammi e completa.

1 R F A I T F O C — C'è .... Arrivo più tardi.
2 O D A C — Sono in .... al semaforo. Il verde dura poco.
3 E I D N T I C E N — C'era un .... Era tutto bloccato.
4 D C O A — Ho trovato .... Arrivo solo adesso.

3 Dal più grande al più piccolo. Completa con le parole date.

città • paese • villaggio • capitale

1 Roma è la .... d'Italia.
2 Milano, Napoli, Torino, Palermo sono grandi .... italiane.
3 Nei dintorni di queste città, si trovano città più piccole e ....
4 In campagna o in montagna ci sono tanti .... con pochissimi abitanti.

4 Guarda lo schizzo. Chi dà le indicazioni corrette A o B?

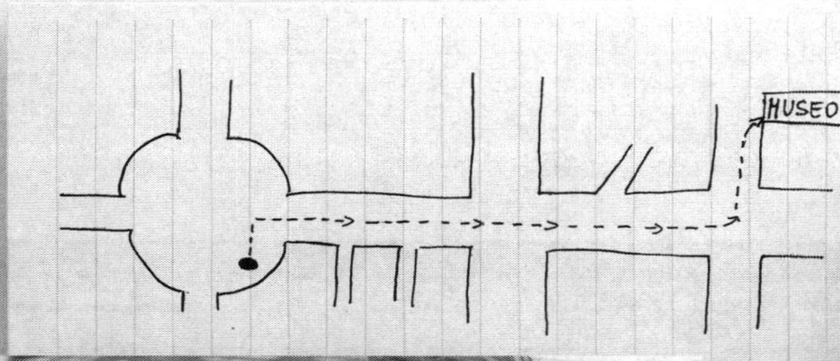

A
Subito qui all'angolo giri a destra, poi vai diritto per circa 100 metri. Trovi un grande incrocio, continui diritto e poi prendi la prima strada a sinistra. Segui la strada e dopo circa 100 metri trovi il museo!

B
Qui all'angolo giri a destra, poi continui diritto fino ad un grande incrocio, attraversi la strada e alla seconda giri a sinistra in direzione "autostrade". Dopo pochi metri, sulla destra, c'è il museo.

5 COLLOCAZIONI Rileggi i due testi dell'esercizio 4 e completa le espressioni.

andare / continuare *diritto*

1 girare .... / ....
2 girare .... / al semaforo / all'incrocio
3 prendere la prima / seconda .... a destra / a sinistra
4 prendere l'autostrada
5 seguire la ....
6 seguire la direzione
7 attraversare la .... / la piazza
8 attraversare sulle strisce pedonali / al semaforo

6 Leggi e segna la risposta corretta. A volte sono corrette entrambe.

1 Scusi, come faccio ad arrivare davanti al comune?
☐ **A** Sempre diritto. ☐ **B** Sì, la prima a destra.

2 Cerco una banca. Saprebbe dirmi dove ne trovo una?
☐ **A** Sì, qui all'angolo. ☐ **B** Sì, sempre diritto, là in fondo.

3 L'ospedale è lontano da qui?
☐ **A** A sinistra. ☐ **B** No, deve girare qui a destra e lo vede subito.

4 Scusi, devo andare in via Garibaldi …
☐ **A** È qui all'angolo. ☐ **B** Sì, deve attraversare la piazza e prendere la prima a destra.

5 Per la piscina devo andare diritto?
☐ **A** Sì, sempre diritto. ☐ **B** Sì, deve prendere la prima a destra.

6 È giusto sempre diritto per prendere l'autostrada?
☐ **A** Sì, sempre diritto. ☐ **B** Sì, qui all'angolo.

7 Per cortesia, sa dirmi dov'è la stazione?
☐ **A** È vicino. ☐ **B** Sì, sempre dritto.

8 Scusi, c'è un bar qui vicino?
☐ **A** Sì, qui all'angolo. ☐ **B** No, deve girare qui a destra e lo vede subito.

comune
banca
ospedale
piscina
stazione
bar
supermercato
scuola
chiesa
carabinieri
cinema
biblioteca

7 Osserva la piantina e dai le indicazioni richieste.

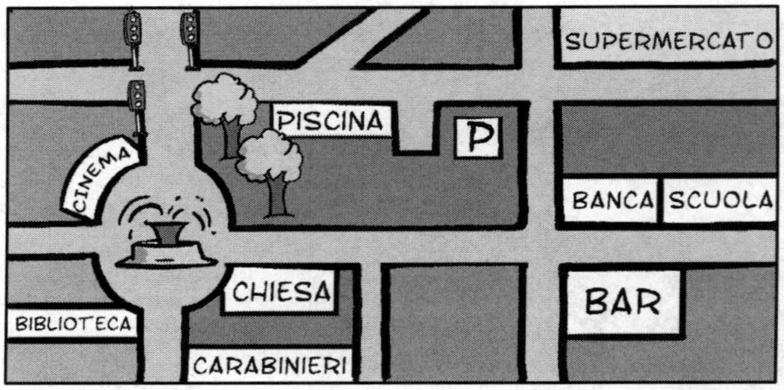

1 Sei davanti al supermercato:
– Scusa, per la biblioteca?
– *Devi seguire questa strada* ....

2 Sei davanti al supermercato:
– Scusa, mi sai dire dove trovo una banca?
– ....

3 Sei davanti alla scuola:
– Scusa, sai dove trovo i carabinieri?
– ....

4 Sei in piazza:
– Scusa, come faccio ad andare in piscina?
– ....

5 Sei davanti ai carabinieri:
– Per cortesia, per il cinema?
– ....

6 Sei al semaforo:
– Scusa, c'è un supermercato qui vicino?
– ....

8 Completa le frasi. Scegli le parole corrette.

1 Entri in città in macchina, segui *l'angolo / la direzione* per il *centro / semaforo*. Quando non puoi più proseguire con l'auto, stai attento *ai cartelli stradali / alle direzioni* che indicano un *parcheggio / semaforo*.

2 Arriviamo *all'incrocio / al semaforo* e quando è verde proseguiamo. Passiamo un *marciapiede / ponte*, *all'angolo / al marciapiede* attraversiamo la strada e arriviamo nella *zona pedonale / capitale*.

3 Se sei in *piazza / via*, gira *a sinistra / diritto*, poi, dopo *la coda / l'incrocio*, prendi la seconda *strada / autostrada* a destra e continua *diritto / a sinistra*. Quando vedi un supermercato, sei arrivato!

4 Ha lasciato la *capitale / direzione* e è andato ad abitare in una città più piccola, in *dintorni / periferia*. Dopo alcuni anni, ha cambiato un'altra volta casa e si è trasferito *in un paese / su un ponte*. Adesso, da qualche mese, vive in un *angolo / villaggio* in montagna.

5 Ho preso *l'autostrada / la via*, c'era *traffico / parcheggio*, ma non intenso. Adesso invece sono in *direzione / coda*. Forse c'è stato un *incrocio / incidente*.

6 Abito in città, *in una periferia / in un quartiere* del centro, in una *via / zona pedonale* tranquilla.

COMUNICAZIONE

9 E tu dove abiti? Scrivi un breve testo.

- Dove abiti? - Abito in città / in un paese / in un villaggio / nella capitale / in centro / in periferia / nei dintorni di ...
- Sei contento di vivere in città / in un paese / ...?
- Dove ti piacerebbe abitare?

....

....

....

10 Sei a casa tua. Descrivi la strada che devi fare.

- Devi andare al supermercato

....

....

....

- Devi andare al lavoro

....

....

....

- Devi andare in stazione

....

....

....

14 CASA E TIPI DI CASE

appartamento
monolocale (m)
casa popolare
condominio
palazzo
grattacielo
villa
villetta
villetta a schiera

pianterreno
primo / secondo piano
scala
ascensore (m)

tetto
camino

soffitto
pavimento
parete (f)
finestra
porta
portone (m)

balcone (m)
terrazza

cancello
muro
giardino
cortile (m)

cambiare casa
affittare
affitto

NUMERI ORDINALI

1 Guarda le foto e leggi le frasi. Collega.

A

B

C

D

E

F

G

H

1 [E] I De Vito abitano nelle case popolari in un quartiere di periferia.
2 [ ] Emanuela abita con la sua famiglia in una villetta con giardino.
3 [ ] Stefano è studente e vive da solo in un monolocale nel centro storico di Bologna.
4 [ ] Alessandra vive con i suoi genitori in una villa in Toscana.
5 [ ] I signori Zanolli hanno un appartamento di 4 locali in un condominio in centro.
6 [ ] I Rossi sono in quattro in famiglia, abitano in una villetta a schiera in una zona residenziale.
7 [ ] I signori Levi hanno un grande appartamento in un palazzo signorile di Torino.
8 [ ] Graziano lavora al 34° piano di un grattacielo in centro.

2 Guarda il disegno e scrivi le parole.

3 Completa ora la tabella.

parti della casa	*ascensore, portone, cortile*
tipi di case	

4 COLLOCAZIONI Completa con le espressioni date nella forma grammaticale corretta.

affittare una casa • prendere una casa in affitto • abitare al pianterreno • cambiare casa • abitare al … piano • essere proprietario di …

1 I miei genitori .... quindi non hanno balconi ma un giardino bello grande.
2 Abitavano in un bel condominio, ma avevano tante spese, così hanno deciso di .... Adesso abitano in un appartamento in periferia.
3 Sara si è trasferita a Perugia e .... vicino all'ufficio dove lavora.
4 Su Internet ho visto che dei privati .... per le vacanze. È un piccolo appartamento vicino al mare. Sembra carino.
5 I Giannini .... diversi appartamenti. In quello più grande abitano loro.
6 Mia sorella con suo marito e i bambini .... quarto .... di una palazzina, io e Gianni al secondo. I nostri bambini giocano spesso insieme in cortile.

1° primo
2° secondo
3° terzo
4° quarto
5° quinto
6° sesto
7° settimo
8° ottavo
9° nono
10° decimo
11° undicesimo
12° dodicesimo
13° tredicesimo
…

5 COLLOCAZIONI Collega.

1 Vai ad abitare in un'altra città.
2 Non hai i soldi per comprare una casa.
3 Hai un monolocale al mare, ma non lo usi.
4 Vuoi un appartamento luminoso in città.
5 Hai comprato una casa.
6 Soffri di vertigini, infatti stai male se guardi giù da un balcone molto alto.

a. Lo scegli ai piani alti.
b. Devi prendere una casa in affitto.
c. Devi abitare al pianterreno.
d. Sei tu il proprietario.
e. Quindi devi cambiare casa.
f. Decidi di affittarlo.

6 Che tipo di casa va bene per queste persone?

1 Fabrizio vive da solo e, in pratica, torna a casa solo per dormire. ....
2 Mia sorella e suo marito amano fare giardinaggio, per Paolo è un hobby anche durante la settimana dopo il lavoro. ....
3 Noi abbiamo due bambini che hanno bisogno di avere spazi per giocare all'aperto e di stare con altri bambini. ....
4 Per Caterina i vicini sono importantissimi. Se ha bisogno di qualcosa, bussa alla loro porta. E inoltre ha molta paura dei ladri. ....

7 Fai il cruciverba.

1 Lo paghi ogni mese se la casa non è tua.
2 Ci cammini sopra.
3 Area comune all'aperto per chi abita in un palazzo o in un condominio.
4 Da lì entri e esci.
5 La apri per cambiare aria.
6 Se guardi in alto, in una stanza, lo vedi.
7 Da lì entri in giardino o in cortile.
8 Servono per salire e scendere.
9 Molto più grande di un balcone.
10 Ripara dalla pioggia e anche dal sole.
11 Ti porta su e giù in un palazzo.
12 Piccola parte all'aperto in un appartamento.
13 Se non si ha un cancello, si ha un …
14 Livello su cui uno abita.
15 Parte all'aperto, attorno a una casa, con fiori e piante.

8 Completa con le parole date nella forma corretta.

affittare • ascensore • porta • appartamento • piano • monolocale • finestre • villa • giardino • scale • villetta • affitto • tetto • terrazza • condominio

1 Abita al sesto .... e sale sempre in .... , mentre dovrebbe fare le .... , farebbe un po' di sport!

2 Io e mia moglie vorremmo comprare una .... , ci piacerebbe essere indipendenti, non pagare più l' .... e avere un bel ....

3 Siamo proprietari di un .... in un .... di una piccola città. In tutto ci sono 10 proprietari. Non penso proprio che cambieremo casa.

4 Marco sta ristrutturando la sua casa. Ha rifatto il .... perché gli pioveva in casa, fa cambiare tutte le .... perché quando tira vento si sente aria in casa e poi fa mettere una .... nuova, la vuole blindata.

5 Passano le vacanze in una .... con una .... che dà sul mare. Deve essere stupenda, ma anche molto cara.

6 Hanno un .... vicino all'università che .... a studenti.

COMUNICAZIONE

9 Leggi le domande e rispondi. Descrivi alcune caratteristiche della tua casa.

- Dove abiti?
- A che piano abiti?
- Hai un balcone / una terrazza?
- Hai un giardino?
- C'è un cortile?
- Nella tua casa c'è l'ascensore?
- Sali a piedi o in ascensore?
- Sei in affitto?

....

....

....

....

....

10 In che tipo di casa vorresti vivere? Perché? Qual è la tua casa ideale? Descrivila.

....

....

....

15 IN CASA

cucina
camera (da letto / dei bambini / degli ospiti)
soggiorno
studio
bagno
ripostiglio
ingresso
corridoio

cantina
garage (m)
doppi servizi (m, pl)
posto macchina

locale (m)
metro quadrato
ammobiliato/a

mobile (m)

divano
poltrona
sedia
tavolo
letto
(letto) matrimoniale
comodino
armadio
scrivania
tavolino
scaffale (m)
libreria
tappeto

lavandino
doccia
vasca da bagno
bidet (m)
water (m)

lavatrice (f)
lavastoviglie (f)

1 Guarda la piantina dell'appartamento e collega i nomi dei locali ai numeri corrispondenti.

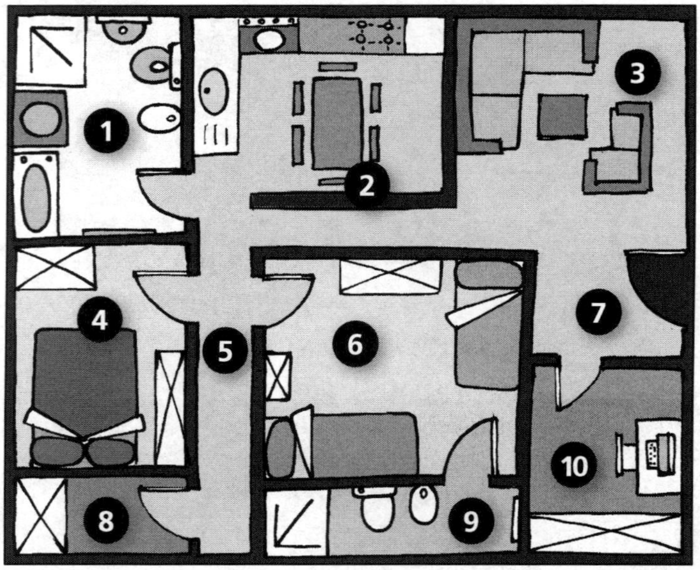

- [7] ingresso
- [ ] soggiorno
- [ ] ripostiglio
- [ ] cucina
- [ ] corridoio
- [ ] camera da letto
- [ ] [ ] bagno
- [ ] studio
- [ ] camera dei bambini

2 Leggi e completa con alcune delle parole in grassetto.

1 appartamento con .... = appartamento con due bagni

2 appartamento bilocale = appartamento di due ....

3 appartamento .... = appartamento con mobili

4 appartamento grande = appartamento di più di 100 ....

Abitiamo in un appartamento **ammobiliato** di 110 **metri quadrati**. È un appartamento di 4 **locali** con cucina abitabile e **doppi servizi**. Abbiamo anche una **cantina** e un **posto macchina** in cortile, purtroppo non abbiamo un **garage**.

3 **Graziella e Luca cambiano casa. Guarda come pensano di sistemare i mobili. Scrivi per ogni locale i nomi dei mobili che riconosci.**

CAMERA	SOGGIORNO	STUDIO	CUCINA	BAGNO
	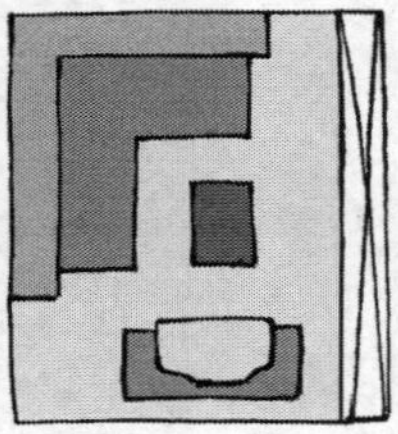		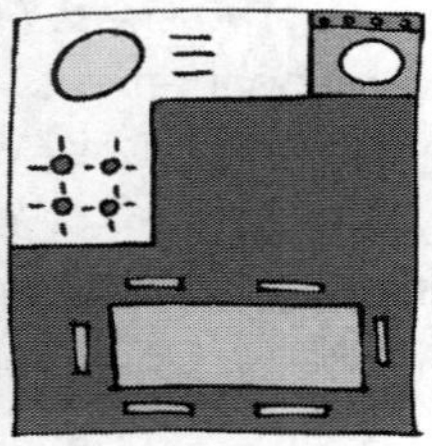	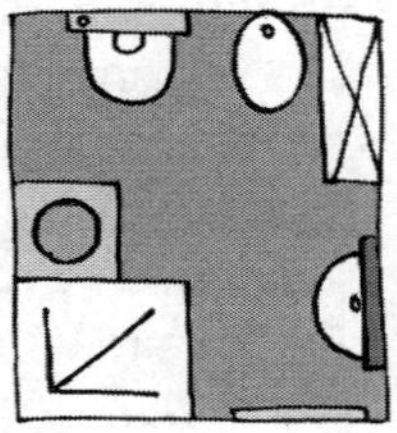
…… …… ……	*mobile* *tappeto* …… …… ……	*scaffale* …… ……	…… …… ……	…… …… …… …… …… ……

4 **In che locale vai? Completa.**

Sei ospite a casa di amici con un grande appartamento: *camera degli ospiti* .

1 Ci passi prima di uscire o appena rientri in casa: …… .
2 Devi cucinare: …… .
3 Vuoi andare a dormire: …… .
4 Ti sei alzato e devi lavarti: …… .
5 Lavori da casa al computer, è mattina e vuoi iniziare a lavorare: …… .
6 Un'amica è venuta a trovarti, bevete un caffè insieme e fate quattro chiacchiere sedute sul divano: …… .

5 **COLLOCAZIONI** **Completa le frasi con le espressioni date nella forma grammaticale corretta.**

andare (giù) in cantina • entrare in garage • andare a letto • sedersi sul divano • sedersi in poltrona • fare la lavatrice • caricare la lavastoviglie • svuotare la lavastoviglie

1 Ho guidato io ma adesso …… tu …… , è troppo stretto.
2 Con i tre bambini piccoli devo …… anche due volte al giorno.
3 La mattina Michela, mia figlia, …… mentre io preparo la colazione.
4 È tardi e domani devo alzarmi presto, …… . Buona notte.
5 La sera …… e guardo la televisione.
6 Ogni sera Federico sparecchia la tavola, …… e sistema la cucina.
7 Non lo sopporto, torna, …… e si alza solo quando è pronto da mangiare.
8 Per favore, puoi …… a prendere una bottiglia di Barolo? Stasera vengono Simona e Gianfranco.

6 Scegli le parole adatte.

1 Abbiamo comprato un *tappeto / tavolino* da mettere sotto al tavolo in soggiorno.
2 Ho comprato una casa di 100 *locali / metri quadrati*.
3 I De Martino hanno un appartamento con *cucina / ripostiglio* abitabile e *doppi servizi / water*.
4 Dovete venire a trovarci, abbiamo una stanza che usiamo come camera *degli ospiti / dei bambini*.
5 Ti sei ricordato di chiudere il *garage / posto macchina*?
6 Ha preso in affitto un appartamento *ammobiliato / con un mobile*.
7 Non abbiamo un *corridoio / ingresso*, quando entri sei subito in soggiorno.
8 Io preferisco la doccia, Marco invece usa di più *il lavandino / la vasca*.

7 Fai il cruciverba.

1 Serve per lavare i vestiti.
2 Ci metti tutti i tuoi vestiti.
3 Tavolo per lavorare o studiare.
4 Tavolo basso per il soggiorno.
5 Ci metti tutti i libri che hai in casa.
6 Lo trovi vicino a quasi tutti i letti.
7 Locale con water, bidet, lavandino …
8 Posto a sedere per una persona in soggiorno.
9 Se non c'è la … , c'è la doccia.
10 Locale molto utile dove ci metti di tutto.
11 Lì puoi lasciare l'auto quando sei in casa.
12 Posto a sedere per più persone in soggiorno.
13 Può essere matrimoniale o singolo.
14 Lava i piatti per te.

8 Completa il testo con le parole che non ci sono.

Sono stato da Paola sabato. Era la prima volta che vedevo la sua casa, una casa grande e molto accogliente. Adesso abita in periferia, in una zona tranquilla, immersa nel verde, sembra di essere in campagna!

Il soggiorno è il **(1)** L __ __ __ __ __ che mi è piaciuto di più. Ha delle finestre grandi e perciò è molto luminoso. Da una parte ha un **(2)** __ __ V __ __ __ e le **(3)** S __ __ __ __ , dall'altra la zona con il **(4)** D __ __ __ __ __ , due **(5)** __ __ L __ __ __ __ __ , il **(6)** T __ __ __ __ __ __ __ __ __ . Una **(7)** __ __ B __ __ __ __ __ copre tutta la parete interna, su un'altra parete c'è un **(8)** M __ __ __ __ __ antico di legno scuro. Un **(9)** __ __ P P __ __ __ e qualche quadro scelto bene completano il tutto!

La camera da letto è un po' buia, ma spaziosa. C'è un grande **(10)** __ __ __ __ D __ __ , un bel **(11)** L __ __ __ __ M __ __ __ __ __ __ __ __ __ __ moderno e degli **(12)** S C __ __ __ __ __ __ molto particolari sopra alla **(13)** __ __ R __ __ __ N __ __ . Nell'appartamento non c'è uno studio e per questo ha messo il computer in camera.

La **(14)** __ U __ __ __ __ è funzionale con tutti gli elettrodomestici necessari e poi c'è il bagno, grandissimo, con la **(15)** D __ __ __ __ __ e una **(16)** V __ __ __ __ . C'è poi un altro bagno più piccolo con solo **(17)** B __ __ __ __ , **(18)** __ __ __ __ __ __ e **(19)** L __ __ __ __ __ __ __ __ .

COMUNICAZIONE

9 Scrivi un breve testo per dare informazioni sulla tua casa. Rispondi alle domande e aiutati con le espressioni date.

- Quanti locali ha il tuo appartamento?
- Di quanti metri quadrati è il tuo appartamento?
- La cucina è abitabile?
- Hai i doppi servizi?
- In bagno hai la doccia o la vasca?
- Hai un bidet?
- Hai una camera degli ospiti?
- Hai una cantina / il garage / un posto macchina?
- Hai la lavatrice / la lavastoviglie?

Abito in un appartamento di … locali.
Sono circa … metri quadrati.
Ho una camera / un soggiorno grande / …
La cucina è abitabile / piccola / …
Ho … bagno / bagni con la doccia / la vasca / il bidet …
Non ho / Ho una camera degli ospiti …
Ho / Non ho una cantina / un garage / un posto macchina …

10 Leggi questo testo. Scrivi un testo simile per descrivere le tua casa. Gli aggettivi nel riquadro possono esserti utili.

Ha una casa **grande** e molto **accogliente**. Abita **in periferia**, in una zona **tranquilla**, immersa **nel verde**, sembra di essere in campagna! Tutta la casa è molto **luminosa**, tranne la camera da letto che è un po' **buia**, ma **spaziosa**. La cucina è **funzionale** …

grande ⟷ piccolo
tranquillo ⟷ rumoroso
luminoso ⟷ buio
accogliente
spazioso
funzionale
confortevole

16 AL RISTORANTE

ristorante (m)
pizzeria
trattoria

menù (m)
antipasto
primo (piatto)
secondo (piatto)
dessert (m)
dolce (m)
contorno

pasto
specialità

appetito

ordinare
servire
servizio compreso
pane e coperto
conto
resto
mancia

piatto del giorno
crostini (m, pl)
minestra
risotto
lasagne (pl)
ravioli (m, pl)
gnocchi (m, pl)
saltimbocca (m, pl)
arrosto
involtini (m, pl)

fritto misto
grigliata di …
frittata
verdure miste
semifreddo
torta

1 Leggi il breve testo e rispondi alle domande.

In un ristorante, in una pizzeria o in una trattoria, prendi posto ad un tavolo, guardi il menù, ordini da mangiare. Puoi scegliere il piatto del giorno o tra antipasti, primi, secondi e dolci. Puoi provare le specialità della casa o i piatti classici. Con il secondo piatto scegli di solito anche il contorno. Quando inizi a mangiare, auguri buon appetito. Alla fine del pasto, dopo che il cameriere ha servito il dessert e portato il caffè, chiedi il conto. Di solito paghi anche per pane e coperto, mentre il servizio è compreso. Se il cameriere deve dare il resto, lo ricevi e poi, se sei soddisfatto, puoi lasciare la mancia sul tavolo.

1 Dove puoi andare a mangiare fuori? ……………………
2 Che cosa dà all'inizio il cameriere ad ogni cliente? ……………………
3 Che cosa fanno i clienti dopo aver scelto? ……………………
4 Che cosa fa il cameriere durante il pasto? ……………………
5 Che cosa chiedi alla fine del pasto? ……………………
6 Che cosa puoi lasciare sul tavolo? ……………………

2 Completa il menù con le parole date.

ravioli • minestra • grigliata di carne • risotto • semifreddo • lasagne • crostini • arrosto • frittata • ~~verdure miste~~ • saltimbocca • gnocchi • involtini • fritto misto • torta

antipasti: ……………………
primi piatti: ……………………
secondi piatti: ……………………
contorni: *verdure miste*
dolci: ……………………

3 Completa il dialogo.

CAMERIERE: Buongiorno, che cosa vi porto da bere?
VITTORIO: Per cominciare dell'acqua naturale.
CAMERIERE: Cosa prendete come **(1)** .... ?
FRANCESCA: I crostini.
CAMERIERE: E cosa vi porto come **(2)** .... ?
FRANCESCA: Io prendo le lasagne.
VITTORIO: E per me gli gnocchi, grazie.
CAMERIERE: Perfetto, e di **(3)** .... ?
VITTORIO: Un fritto misto per tutti e due.
CAMERIERE: Per il **(4)** .... vediamo dopo, d'accordo?
FRANCESCA: Sì, sì, decidiamo dopo. Grazie.

4 Trova nella griglia i nomi di 14 piatti. Con le altre lettere completa la domanda e poi rispondi liberamente.

P	A	R	I	S	A	L	T	I	M	B	O	C	C	A	A	F
G	R	I	G	L	I	A	T	A	D	I	P	E	S	C	E	R
N	R	S	C	E	L	S	E	M	I	F	R	E	D	D	O	I
O	O	O	A	C	U	A	C	C	R	O	S	T	I	N	I	T
C	S	T	I	N	A	G	M	R	A	V	I	O	L	I	E	T
C	T	T	D	M	I	N	E	S	T	R	A	R	I	T	E	A
H	O	O	R	R	A	E	I	N	V	O	L	T	I	N	I	T
I	F	R	I	T	T	O	M	I	S	T	O	A	N	E	A	A

Ti _ _ _ _ _ _   _ _   _ _ _ _ _ _ _   _ _ _ _ _ _ _ _ _ _ _ _ ?

5 COLLOCAZIONI Scegli l'espressione giusta.

1 ☐ **A** Vogliamo andare al ristorante stasera?
☐ **B** Vogliamo uscire al ristorante stasera?

2 ☐ **A** Sai già cosa vuoi mangiare? Io devo pensare al menù.
☐ **B** Sai già cosa vuoi mangiare? Io devo guardare il menù.

3 ☐ **A** Ho fame e prendo un antipasto, un primo, un secondo e il dolce.
☐ **B** Ho fame e pago un antipasto, un primo, un secondo e il dolce.

4 ☐ **A** Prima di iniziare a mangiare, penso buon appetito.
☐ **B** Prima di iniziare a mangiare, auguro buon appetito.

5 ☐ **A** Dopo il caffè scelgo il conto.
☐ **B** Dopo il caffè chiedo il conto.

6 ☐ **A** Prima di uscire dal ristorante, lasciamo la mancia sul tavolo.
☐ **B** Prima di uscire dal ristorante, paghiamo la mancia sul tavolo.

6 Completa le frasi con le parole date nella forma grammaticale corretta.

torta • piatto del giorno • ristorante • secondi • menù • dolce • pizzeria • antipasti • trattoria • primi • specialità

1 Vogliamo uscire a mangiare. Carlo ha proposto una nuova .... con cucina tipica toscana, io vorrei andare al .... indiano e, ovviamente, Cecilia, nostra figlia, vuole andare in ....

2 Al matrimonio di Silvana abbiamo mangiato tantissimo. Prima hanno offerto gli .... in giardino, poi ai tavoli hanno servito tre .... e quattro .... Alla fine è arrivata la .... Tutto era squisito!

3 Tutti i venerdì sera Fabrizio e Romina escono a mangiare. Ogni volta guardano il .... , ma alla fine ordinano sempre lo stesso piatto: la .... della casa.

4 Con i miei colleghi vado spesso a pranzo in un bar che fa anche piatti caldi. Prendiamo il .... , a volte sono lasagne, a volte ravioli, e un .... , poi un caffè e torniamo in ufficio.

7 Fai il cruciverba.

1 Accompagna il secondo.
2 Si può lasciare dopo aver pagato il conto.
3 È quasi sempre "compreso".
4 Lo si paga con il pane.
5 Altra parola per dire "dessert".
6 È quello che si fa al ristorante prima di mangiare.
7 Lo si augura prima di mangiare: buon ...
8 È quello che fa il cameriere al ristorante.
9 Lo si paga prima di uscire dal ristorante.
10 Lo si consuma al ristorante.

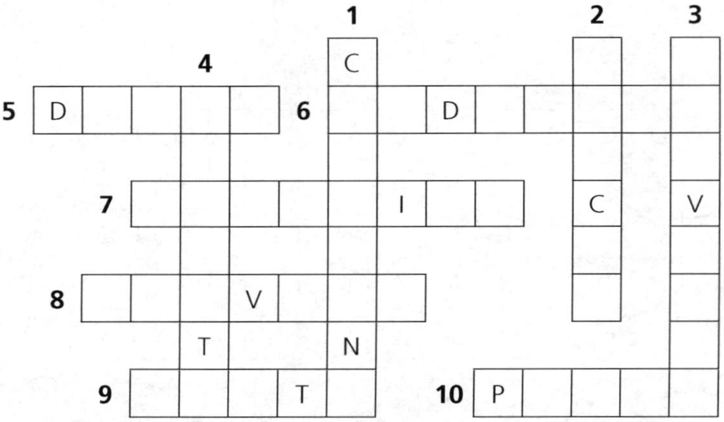

8 Collega le parole alle categorie date.

gnocchi • involtini • crostini • minestra • risotto • saltimbocca • lasagne • ravioli • arrosto • frittata • torta • fritto misto

VITAMINE	CARBOIDRATI	PROTEINE

9 **Guarda il menù e rispondi secondo le tue preferenze.**

RISTORANTE – PIZZERIA "LA MADDALENA"

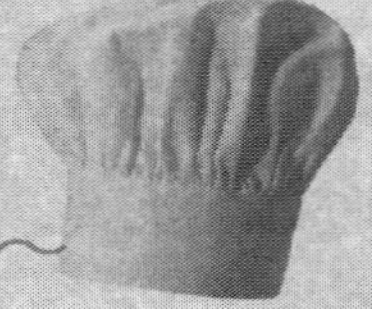

piatto del giorno
frittata dello chef

antipasti
crostini
prosciutto e melone

primi piatti
minestra del giorno
risotto
lasagne
ravioli
gnocchi

secondi piatti
saltimbocca
arrosto
grigliata di carne
fritto misto

contorni
patate al forno
insalata mista
verdure miste

dolci
semifreddo
torta al cioccolato

pane e coperto 3 €
servizio compreso

- Ha deciso? Cosa prende come antipasto? — ....
- E di primo che cosa desidera? — ....
- Cosa le porto come secondo? — ....
- E prende anche un dessert? — ....

COMUNICAZIONE

10 **Che cosa ti piace mangiare? E che cosa non hai mai assaggiato? Completa.**

- Un piatto che mi piace molto è ....
- Un piatto che non ho mai mangiato è ....
- Un piatto che non mi piace è ....

11 **Vai al ristorante? Scrivi un breve testo. Queste domande possono esserti utili.**

- Esci spesso a cena?
- Che tipo di cucina ti piace?
- In che locali vai?
- Che cosa prendi di solito?
- Prendi spesso il piatto del giorno?
- Assaggi le specialità della casa / dello chef?
- Di solito lasci la mancia?

....

....

17 ALIMENTI E BEVANDE

pasta
riso
uovo (uova pl)
carne (f)
pesce (m)
bistecca
pollo
salame (m)
mortadella
prosciutto
formaggio

pane (m)
marmellata
torta
gelato
cioccolato
biscotto
yogurt (m)

farina
zucchero
miele (m)
panna
burro
olio
aceto
sale (m)
pepe (m)
maionese (f)

latte (m)
caffè (m)
tè (m)
birra
spumante (m)
bibita
aranciata
vino

QUANTITÀ

1 **Guarda le parole e le foto e completa la tabella.**

da mangiare	da bere

prosciutto

carne

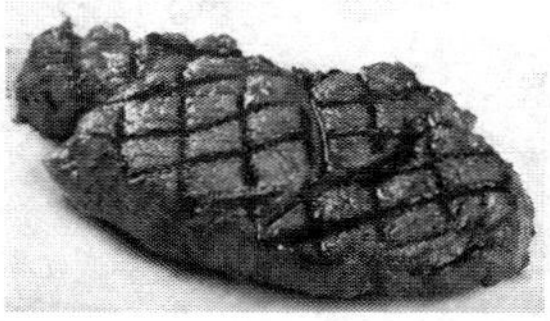

bibita

gelato

bistecca

POLLO

maionese

torta

pane

cioccolato

riso

birra

PASTA

yogurt

pesce

salame

biscotti

caffè

uova

spumante

vino

marmellata

formaggio

TÈ

miele

mortadella

aranciata

latte

2 Cerca nella griglia i nomi di 8 alimenti che servono per cucinare. Con le altre lettere completa la frase.

C	P	E	P	E	S	B	O
F	A	R	I	N	A	U	L
P	A	N	N	A	L	R	I
Z	U	C	C	H	E	R	O
I	B	A	C	E	T	O	O

È quello che si mangia: _ _ _ _ .

3 Completa la tabella. Scegli le parole dal riquadro in alto nella pagina accanto.

carni	
salumi	*mortadella*
latticini	*formaggio*
dolci	

4 Completa le frasi con le parole date.

~~torta~~ • burro • carne • tè • pasta • vino • pesce • sale • olio • caffè

Vuoi una fetta di *T O R T A*?

1 Di secondo prendi _ _ _ _ _ o _ _ _ _ _ ?

2 Posso offrirti un _ _ _ _ _ ? O un _ _ ?

3 Bevi volentieri un bicchiere di _ _ _ _ rosso?

4 Mi puoi passare il _ _ _ _ , per favore?

5 Preferisci la _ _ _ _ _ con il _ _ _ _ _ o con l'_ _ _ _ ?

5 COLLOCAZIONI Collega, poi completa le frasi con le espressioni trovate.

a. condire
b. festeggiare
c. buttare
d. tagliare

la pasta
con olio e aceto
due fette di salame
con lo spumante

1 Quando l'acqua bolle, ... tu .... , per favore!

2 Stasera si .... : Luciano si è laureato!

3 Vi va bene se .... e beviamo un bicchiere di vino?

4 Ho già messo il sale, ... tu .... per favore?

6 Hai un ospite e gli prepari la colazione. Cosa metti in tavola?

Da bere offri il **(1)** L _ _ _ _, il **(2)** C _ _ _ _ _ o il **(3)** T _ .

Da mangiare prepari il **(4)** P _ _ _ a fette, il **(5)** B _ _ _ _ , la **(6)** M _ _ _ _ _ _ _ _ _ _ e il **(7)** M _ _ _ _ .

Metti in tavola poi lo **(8)** Z _ _ _ _ _ _ _ _ , dei **(9)** B _ _ _ _ _ _ _ e magari anche uno **(10)** Y _ _ _ _ _ .

7 COLLOCAZIONI Che cosa compri? Completa.

1 una fetta di _ _ _ _ _
2 un chilo di _ _ _ _ _ _ _ _ _
3 un pacchetto di _ _ _ _ _ _ _ _ _
4 un tubetto di _ _ _ _ _ _ _ _ _
5 un vasetto di _ _ _ _ _ _
6 un etto di _ _ _ _ _ _ _ _ _ _ _
7 un litro di _ _ _ _ _
8 una bottiglia di _ _ _ _
9 una tavoletta di _ _ _ _ _ _ _ _ _ _
10 una bustina di _ _

zucchero · yogurt · tè · cioccolato · torta · maionese · prosciutto · vino · latte · biscotti

8 Fai la lista della spesa.

Vuoi preparare una frittata: *uova, sale, olio*

1 Vuoi offrire un piatto di salumi: ....
2 Vuoi preparare un risotto: ....
3 Vuoi cucinare la pasta alla carbonara: *pancetta* ....
4 Vuoi preparare i saltimbocca: *salvia* ....
5 Vuoi fare una torta: *lievito* ....

9 Scegli la parola corretta.

1 Con la pizza bevo sempre *la birra / il latte*.
2 È vegetariano, non mangia *carne / dolci*.
3 Festeggiamo, apro lo *yogurt / spumante*!
4 Il medico gli ha ordinato di non bere più *caffè / acqua*.
5 Metti *lo zucchero / il sale* nel caffè?
6 Fa una dieta e non mangia più *pane / verdura*.
7 Che sete, ho voglia di una bella *panna / bibita* fresca.
8 Questa bistecca non sa di niente, mi passi *il sale / l'aceto*, per favore?
9 Come dessert abbiamo comprato il *gelato / miele*.
10 Dopo il secondo, ha portato in tavola un piatto di *formaggi / bistecche*.
11 A colazione bevo sempre il *latte / vino*.
12 Per il compleanno di Luisa ho fatto una bella *marmellata / torta*.

COMUNICAZIONE

10 Collega le domande con le risposte.

1 Sei vegetariano?
2 Che cosa bevi di solito a colazione?
3 E a pranzo o a cena?
4 Metti lo zucchero nel caffè o nel tè?
5 Usi di più l'olio o il burro?
6 Usi tanto sale?
7 Mangi tanta carne?
8 Mangi tanti dolci?

a. Il caffè.
b. No, mangio anche la carne.
c. Sì, non mi piace amaro.
d. Acqua e vino.
e. L'olio.
f. Non tanti.
g. No, pochissimo.
h. Non tanta.

11 E tu come mangi? Rispondi alle domande dell'esercizio 10 con un breve testo. Aggiungi se vuoi altri dettagli.

18 FRUTTA E VERDURA

albicocca	**mela**	**aglio**	**pomodoro**
ananas (m)	**melone** (m)	**broccoli** (m, pl)	**spinaci** (m, pl)
arancia	**pera**	**carota**	**zucchina**
banana	**pesca**	**cipolla**	
ciliegia	**pompelmo**	**insalata**	
fragola	**prugna**	**melanzana**	
kiwi (m)	**uva**	**patata**	
limone (m)		**peperone** (m)	
mandarino		**piselli** (m, pl)	

AZIONI IN CUCINA

1 **Guarda la foto. Che verdura e che frutta riconosci? Scrivi i nomi. Aiutati con le parole date nel riquadro in alto.**

frutta	
verdura	

2 **Che cosa ci metti? Completa.**

Fai una minestra: ....

Fai una macedonia: ....

3 Trova i nomi di 6 tipi di frutta, poi, con le altre lettere, completa la frase.

E	F	R	A	G	O	L	A	P
S	T	A	M	E	L	O	N	E
C	I	L	I	E	G	I	A	S
T	P	R	U	G	N	A	E	C
A	L	B	I	C	O	C	C	A

Questa frutta la trovi solo in _ _ _ _ _ _ _ .

4 Risolvi gli indovinelli.

1 È giallo e aspro: ....
2 È arancione, lunga e stretta: ....
3 Sono piccole palline verdi: ....
4 È gialla e a mezzaluna: ....
5 È verde dentro e marrone fuori: ....
6 È rossa e spesso è accoppiata: ....
7 C'è verde, giallo, rosso e anche arancione: ....
8 È verde, ma c'è anche rossa, e poi c'è quella riccia: ....

5 COLLOCAZIONI Che cosa puoi fare in cucina? Guarda le immagini e le parole. Poi scegli il verbo adatto nelle frasi.

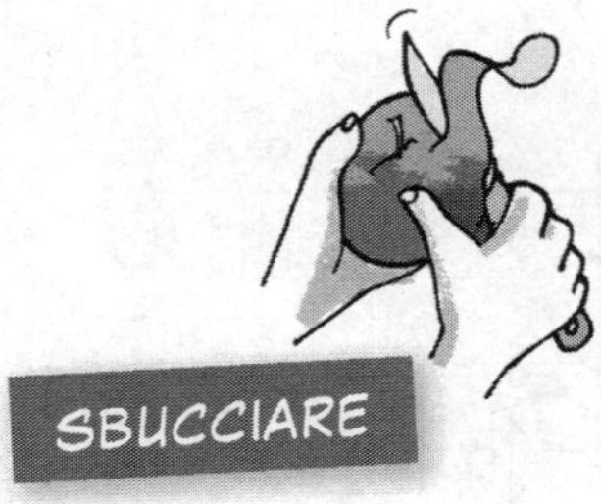

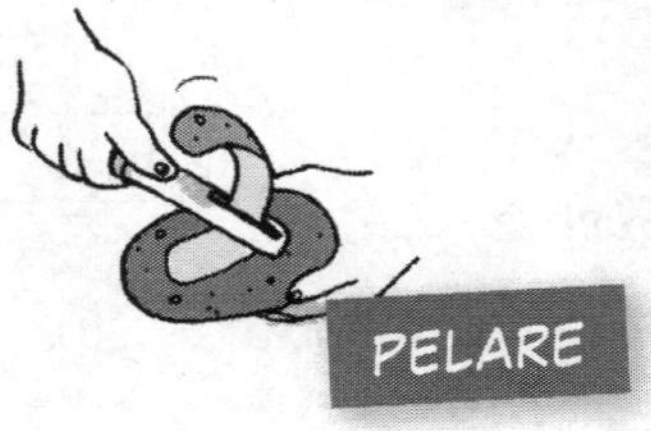

1 *Taglio / Spremo* il melone che mangiamo con il prosciutto.
2 Devo iniziare a *pelare / pulire* gli spinaci che ho comprato al mercato.
3 Puoi *pelare / condire* le patate per favore? Vorrei fare un purè.
4 *Condisci / Tagli* tu l'insalata? Il sale l'ho già messo io, manca olio e aceto.
5 Mamma, per favore, mi *spremi / sbucci* una mela?
6 Adesso *condisco / spremo* due arance da mettere nella macedonia.

6 Rispondi. Elenca i tipi di frutta o verdura.

1 Quale frutta devi sbucciare prima di poterla mangiare?

....

2 Quale frutta puoi sbucciare o mangiare con la buccia?

....

3 Quale frutta non si sbuccia?

....

4 Quali tipi di verdura peli?

....

5 Quali tipi di frutta puoi spremere?

....

6 Quali tipi di verdura devi pulire?

....

7 Fai il cruciverba. Completa poi la frase con le lettere delle caselle grigie.

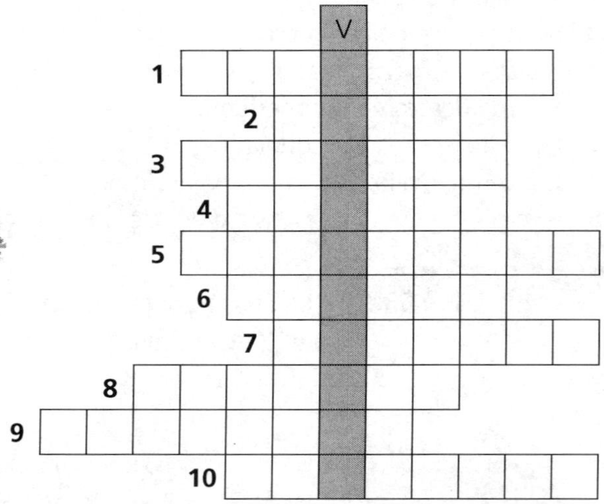

Chi non mangia carne, è _ _ _ _ _ _ _ _ _ _ _ _ _ _ .

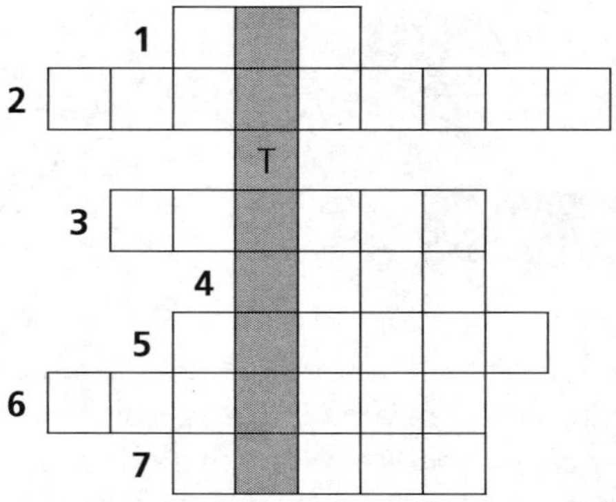

8 Fai il cruciverba e completa la frase con le lettere delle caselle grigie.

1 C'è quella bianca e quella nera.
2 È arancione e non si sbuccia.
3 Fuori punge, dentro è giallo, dolce e succoso.
4 C'è rossa, gialla e verde.
5 C'è chi lo mette nel tè, se non mette il latte.
6 La puoi spremere o mangiare a spicchi.
7 C'è a polpa bianca e c'è a polpa gialla.

La frutta fa bene, ha tante _ _ _ _ _ _ _ _ _ !

9 Completa le frasi con le parole che non ci sono.

1 Deve essere facile fare gli gnocchi: servono solo le P _ _ _ _ _ _ e la farina.

2 Maria tagliava le C _ _ _ _ _ _ _ e mentre tagliava, piangeva.

3 D'estate preparo spesso un'insalata di _ _ M _ _ O _ _ maturi con una mozzarella.

4 Mi piacciono le verdure, ma la semplice I _ _ _ _ _ _ _ _ verde no.

5 Fabiana ha portato in tavola un piatto di formaggi con due marmellate e un po' d' _ _ _ .

6 Cristina non può mangiare le F _ _ G _ _ _ : è allergica.

7 A me il _ _ M P _ _ _ _ piace molto anche se è un po' amaro.

8 Faccio la pasta con i _ _ _ _ _ O L _ stasera, ti va bene?

9 Abbiamo una pianta di _ R _ _ N _ e ogni anno facciamo tanta marmellata.

10 Mangia i _ _ _ D _ _ _ N _ , ma non mangia le A _ _ N _ _ .

COMUNICAZIONE

10 Leggi le domande e le risposte, poi scrivi un breve testo.

- Mangi tanta frutta e verdura? ✔ Sì, tanta. / No, non molta. / Sì, sono vegetariano.
- Quale verdura ti piace di più? ✔ Mi piace / piacciono …
- E quale tipo di frutta? ✔ La frutta che mi piace di più è …
- Dove compri la frutta e la verdura? ✔ Al mercato. / Al supermercato. / Dal fruttivendolo. / Ho un orto.
- Compri verdura e frutta di stagione? ✔ Sì, solo di stagione. / No, quello che trovo al supermercato.
- Mangi di più verdura cruda o cotta? ✔ Mangio di più verdura cotta. / Mangio più verdura cruda perché fa molto bene.

....

....

....

....

....

....

19 IN CUCINA

frigorifero
forno
fornelli (m, pl)
lavello
forno a microonde

tostapane (m)
mixer (m)
bilancia

piatto
piatto fondo
posata
cucchiaio
forchetta
coltello
cucchiaino
tazza
tazzina
piattino
caffettiera

bicchiere (m)
bottiglia

pentola
padella

tovaglia
tovagliolo

apparecchiare
sparecchiare

PASTI - AZIONI IN CUCINA

1 Completa con le parole date.

bicchiere • cucchiaio • forchetta • coltello • cucchiaino • piatto • bottiglia • piatto fondo • posate • tovagliolo • ~~tovaglia~~

Apparecchiare la tavola secondo il galateo

- non deve mancare la *tovaglia*
- mettere il **(1)** .... e il **(2)**....................................
- a destra del piatto mettere il **(3)** .... con la lama rivolta verso l'interno e il **(4)** ....
- a sinistra del piatto sistemare la **(5)** .... e il **(6)** ....
- in alto, sopra al piatto, mettere le **(7)** .... da dessert (forchetta e coltello) o solo il **(8)** ....
- sopra le posate di destra mettere il **(9)** .... (o più bicchieri, per l'acqua, per il vino ...)
- al centro della tavola sistemare il sale, il pepe e le **(10)** .... di acqua e di vino.

2 Di che cosa hai bisogno quando fai colazione? Risolvi gli anagrammi.

1 A Z T Z A — la usi se a colazione bevi il caffellatte: ....
2 A I T P O T I N — lo usi a colazione per appoggiare pane e marmellata: ....
3 I Z A T N Z A — la usi se bevi un caffè: ....
4 F I A F T E A C T R E — la usi se devi preparare il caffè: ....

3 Trova nella griglia 6 nomi di cose che si trovano in cucina. Completa poi la frase con le altre lettere.

T	F	O	R	N	E	L	L	I	R	M	I	X	E	R
F	O	R	N	O	A	M	I	C	R	O	O	N	D	E
F	R	I	G	O	R	I	F	E	R	O	O	D	O	M
E	N	S	T	T	O	S	T	A	P	A	N	E	I	C
I	O	L	A	V	A	S	T	O	V	I	G	L	I	E

I ...., il ...., il ...., il..................., il .... la *lavastoviglie*, il forno sono tutti ELET_ _ _ _ _ _ _ _ _ _ _ _ _ _ .

4 Completa le frasi con le parole date.

lavello • pentola • padella • sparecchiare • bilancia • apparecchiare

1 Prima di mangiare Lucia .... la tavola.
2 Dopo mangiato Marta .... subito la tavola.
3 Per cucinare le bistecche ti serve una ....
4 Ha preso una .... troppo piccola per preparare il risotto.
5 Devo ancora svuotare la lavastoviglie, metti pure i piatti sporchi nel ....
6 Con la .... peso 3 etti di farina che mi servono per fare la torta.

5 COLLOCAZIONI Guarda le immagini e poi scegli il verbo adatto.

1 Per *tagliare / frullare* il pane, devi prendere il coltello grande con la sega.
2 Adesso dobbiamo *cuocere / mescolare* lo zucchero con il cacao.
3 Devo *frullare / tagliare* le verdure per una minestra, dove hai messo il mixer?
4 È meglio *aggiungere / friggere* un cucchiaio di olio.
5 Quando il riso ha preso colore, devi *mescolare / versare* un bicchiere di vino nella pentola.
6 Devi far *cuocere / aggiungere* le bistecche a fuoco vivo.
7 L'acqua *bolle / frigge*, puoi buttare la pasta.
8 Prendi una padella, metti un po' di olio e fai *tagliare / friggere* le fette di melanzana.

6 COLLOCAZIONI Completa le espressioni con significato contrario. Usa i verbi dati.

prendere • sparecchiare • togliere • spegnere

1 mettere la tovaglia ⟷ .... la tovaglia
2 apparecchiare la tavola ⟷ .... la tavola
3 accendere il forno ⟷ .... il forno
4 mettere qualcosa in frigorifero ⟷ .... qualcosa dal frigorifero

7 Come apparecchi la tavola? Non hai sempre bisogno di tutto per ogni pasto! Completa.

colazione	pranzo	cena	merenda	spuntino
tazze	*posate*	*tovaglia*		

colazione (la mattina)
pranzo (tra le 12 e le 14)
cena (la sera)
merenda (per i bambini a metà mattina o nel pomeriggio)
spuntino (per gli adulti a metà mattina o nel pomeriggio)

8 Completa le frasi.

1 Il latte, il burro, il prosciutto, i formaggi devono stare in ....
2 Metto la torta in .... , deve cuocere 50 minuti.
3 Annamaria ama cucinare e passa tutto il tempo ai ....
4 Lidia ha paura di ingrassare e pesa sempre tutto con la ....
5 Ho riempito d'acqua il .... per pulire l'insalata.
6 Mario è rientrato tardi e scalda la sua cena nel ....

9 Fai il cruciverba.

1 Lo usi se metti lo zucchero nel caffè.
2 La stendi sul tavolo prima di apparecchiare.
3 Serve per tagliare.
4 La usi di solito per mangiare.
5 Lo usi quando mangi la minestra.
6 Serve per fare il caffè.
7 La usi in cucina per pesare gli alimenti.
8 Può essere piena d'acqua o di vino.
9 La usi quando bevi il caffellatte.
10 Serve per scaldare (e tostare) le fette di pane.
11 È il lavandino in cucina.
12 Ci metti l'acqua per far bollire la pasta.
13 È più piccolo di un piatto.
14 La forchetta, come anche il coltello e il cucchiaio, è una …
15 Serve per pulirsi la bocca quando si mangia.
16 Ci fai cuocere la torta.
17 Ci metti quello che mangi.
18 Lo usi per bere.

COMUNICAZIONE

10 Leggi le domande e rispondi.

- Passi tanto tempo in cucina?
- Che cosa fai?
- Che elettrodomestici hai nella tua cucina?
- Quali usi di più?
- Apparecchi sempre la tavola secondo il galateo?

....

....

....

....

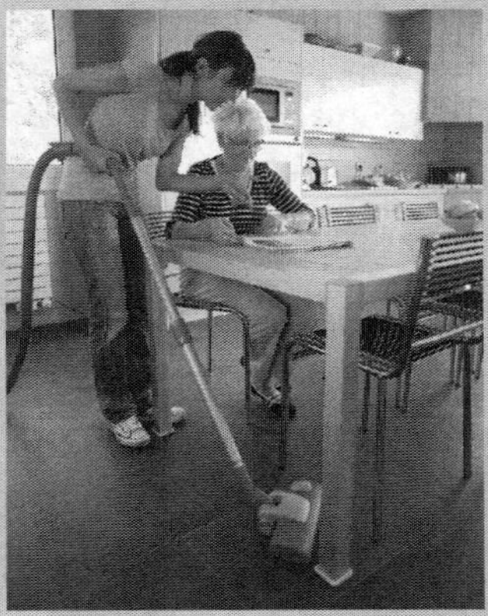

20 MEZZI DI COMUNICAZIONE

mass media (m, pl)
giornale (m)
radio (f)
televisione (f)
Internet (m)
stampa
quotidiano
articolo
telegiornale (m)
pubblicità
attualità

telefono
cellulare (m)
segreteria telefonica
sms (m)

fax (m)
lettera

messaggio
posta elettronica
e-mail (f)
chiocciola

antenna
telecomando
guida TV
canale (m)
volume (m)
canone (m)
televideo

lettore DVD (m)

computer (m)
programma (m)
cliccare
rete (f)
chattare

1 Leggi i testi e completa la tabella. Puoi scrivere le stesse parole per più categorie.

Alla televisione guardo il telegiornale e basta, gli altri programmi non mi interessano, c'è troppa pubblicità. Ho un lettore DVD che uso per vedere ogni tanto qualche bel film, altrimenti uso molto il cellulare e anche il computer. Comunico tanto per e-mail e navigo in Internet … ecco, forse la rete è il mezzo di comunicazione che uso di più per informarmi.

Io leggo il giornale, ogni mattina. Mi piace leggere anche più articoli su uno stesso tema di attualità, per conoscere punti di vista diversi. Guardo la televisione ogni tanto, la sera, quando non ho altro da fare. Spesso però non c'è niente che mi interessa e cambio canale con il telecomando sperando di trovare qualcosa di intelligente … Mi chiedo spesso perché pago il canone e tengo la televisione!

Tra i mass media quelli che uso di più? Beh, il computer, Internet e la posta elettronica! Prima usavo tanto il fax, mandavo lettere, guardavo il televideo, avevo una segreteria telefonica, compravo i giornali e le guide TV, adesso leggo i quotidiani online, scrivo e-mail e chatto. Basta cliccare qua e là e hai tutto quello che vuoi! L'unico altro mezzo di comunicazione che uso ancora è la radio, mi piace ascoltarla quando sono in macchina.

televisione e radio:	
Internet e e-mail:	
stampa:	
telefono:	

2 Collega le parole con lo stesso significato.

mezzi di comunicazione
quotidiano
posta elettronica
giornale
~~rete~~
mass media
e-mail
~~web~~

web – rete

....

....

....

3 Completa con le parole date.

messaggio • antenna • volume • chiocciola

1 Devi sistemare l' .... : la radio non prende bene.
2 Puoi abbassare il .... , per favore? Con la musica alta non riesco a concentrarmi.
3 Laura non c'è, le ho lasciato un .... in segreteria.
4 Vuoi la mia e-mail? È Laura Bertani, tutto minuscolo, ... , alice punto it: laurabertani@alice.it.

4 COLLOCAZIONI Riscrivi le parole date accanto ai verbi adatti. Puoi utilizzare alcune parole più volte.

un'e-mail • un articolo • la televisione • un messaggio • un sms • in rete • una lettera • il telegiornale • un fax • il televideo • in Internet • la radio

lasciare → *un messaggio* ....
sulla segreteria telefonica

ascoltare → ....
....
(sulla segreteria telefonica)

leggere / scrivere → ....
....
....
....
....
....

guardare → ....
....
....

ricevere / mandare → ....
....
....
....
....

navigare → ....
....

5 Collega le frasi tra loro.

1 Vuoi chattare con un'amica.
2 Non puoi vederti con un'amica.
3 Non ti piace la trasmissione che stai guardando.
4 Non senti quello che dicono alla radio.
5 La televisione è troppo alta.
6 Hai la televisione in casa.
7 Hai finito di lavorare al computer.

a. Cambi canale.
b. Abbassi il volume.
c. Alzi il volume.
d. Paghi il canone.
e. Le parli al telefono.
f. Lo spegni.
g. Accendi il computer.

6 Completa questi brevi dialoghi. Scegli le parole adatte.

1 Sei riuscito a parlare con Anna? – No, le ho mandato *una chiocciola / un sms.*
2 Hai visto cosa fanno stasera? – No, adesso guardo la *televisione / guida TV*!
3 Cambia canale, per favore! – Dammi il *telecomando / televideo.*
4 Perché non la chiami? – Ho già provato, c'è la *segreteria / pubblicità.*
5 Che cosa leggi? – Un *articolo / programma* sui mezzi di comunicazione moderni.
6 Hai già scaricato la posta? – Sì, Daria ha scritto *una lettera / un'e-mail*, arriva stasera.
7 Giorgio sta ascoltando la radio! – Sì, e ha sempre *il volume / l'antenna* troppo *alto / alta.*
8 Perché accendi la televisione adesso? – Voglio guardare *il telegiornale / la rete.*

7 Che mezzo di comunicazione usi? Scrivi il nome. A volte ci sono più alternative.

1 Vuoi ascoltare la musica: .... / ....
2 Vuoi mandare una e-mail: ....
3 Vuoi leggere sul televideo come sarà il tempo: ....
4 Vuoi leggere le notizie di cronaca: ....
5 Vuoi parlare con tua madre: .... / ....

8 Fai il cruciverba. Con le lettere delle caselle grigie trovi il nome di un altro mezzo di comunicazione.

1 Tutti lo portano con sé.
2 Sempre meno persone lo comprano ogni giorno.
3 È il primo mezzo di comunicazione inventato.
4 È il mezzo di comunicazione più diffuso.
5 È uno dei nuovi mass media.
6 Non la guardi, la ascolti.

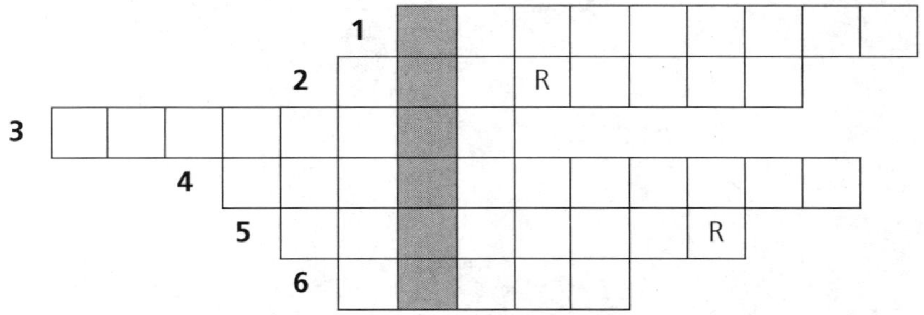

È uno dei primi mass media: il __ __ __ __ __ __ .

9 Completa con le parole che non ci sono.

1 Mi passi per favore il _ _ _ _ _ _ _ _ _ _ _ , voglio alzare il _ _ _ _ _ _ .
2 Non riesco a mandare questo _ _ _ , è sempre occupato.
3 Sai su quale _ _ _ _ L _ trasmettono la partita oggi?
4 Elisabetta mi ha lasciato un _ _ _ _ _ _ _ _ _ , viene anche lei stasera.
5 Gianluca sta _ _ _ _ _ _ _ _ _ _ con Antonella, non si sono mai visti ma sembrano amici da una vita.
6 Se non sei connesso a _ _ _ _ _ _ _ _ , C _ _ _ _ _ lì per connetterti.
7 Squilla il tuo _ _ _ _ _ _ _ _ _ , devo rispondere io per te?
8 Gianni va ogni mattina all'edicola per comprare il _ _ _ _ _ _ _ _ .
9 Guardi per favore sul _ _ _ _ _ _ D _ _ i risultati delle partite di calcio.
10 Preferisco andare al cinema, alla _ _ _ _ _ _ _ _ _ _ _ i film sono sempre interrotti dalla _ _ _ _ _ _ _ _ _ _ .

10 Negli sms tante parole vengono abbreviate. Collega queste abbreviazioni alle parole date.

grazie • non • cosa • qualcuno • rispondi • ci sei? • per • che • ti voglio bene • perché • chi • dove

1 ke = ...
2 ki = ...
3 cs = ...
4 risp = ...
5 grz = ...
6 x = ...
7 xke = ...
8 nn = ...
9 C6? = ...
10 ql1 = ...
11 dv = ...
12 tvb = ...

COMUNICAZIONE

11 Collega le domande alle risposte.

1 ☐ Che mezzo di comunicazione usi di più?
2 ☐ Leggi il giornale?
3 ☐ Guardi molta televisione?
4 ☐ Che cosa guardi?
5 ☐ Quanto tempo stai davanti al computer?
6 ☐ Per cosa lo usi?
7 ☐ Usi la posta elettronica per comunicare con gli amici?
8 ☐ Scrivi molti sms?

a. Dipende. La guardo spesso la sera, ma meno quando sono in ferie.
b. Seguo il telegiornale e trovo interessante anche la pubblicità. Per vedere un bel film preferisco il lettore DVD.
c. Io uso molto il computer ma ascolto anche la radio.
d. Sì, qualche volta. Lo compro sempre il sabato.
e. Diverse ore. Lo uso tutti i giorni per lavoro.
f. Credo di no. 4 o 5 alla settimana, sono molti o pochi?
g. Per lavoro, ma navigo anche in Internet per informarmi.
h. No, la uso soltanto per lavoro. Io scrivo ancora lettere, come si faceva un tempo!

12 Rispondi ora personalmente alle domande dell'esercizio 11.

SOLUZIONI

1 DATI PERSONALI pp. 6-9

1 **1** a, **2** b, **3** b, **4** a

2 **2** d, **3** a / h, **4** e, **5** a / h, **6** c, **7** b, **8** g

3 senegalese – *Senegal*, marocchino – *Marocco*, greco – *Grecia*, turco – *Turchia*, cinese – *Cina*, giapponese – *Giappone*, polacco – *Polonia*, russo – *Russia*, francese – *Francia*, danese – *Danimarca*, tedesco – *Germania*, belga – *Belgio*, olandese – *Olanda*, inglese – *Inghilterra*, portoghese – *Portogallo*, spagnolo – *Spagna*, brasiliano – *Brasile*, argentino – *Argentina*, americano – *America*, canadese – *Canada*. *Soluzione possibile per le due frasi:* Mi chiamo Franco Balconi, sono italiano. La mia amica si chiama Sophie Bastidon, è francese.

4 **1** morto, **2** donna, **3** adulto, **4** giovane

5 *Risposte personali*

6 **1** bambini; **2** cognome; **3** età, anno; **4** indirizzo, numero civico, CAP; **5** compleanno; **6** carta d'identità

7 **1** cognome, **2** età, **3** luogo di nascita, **4** data di nascita, **5** indirizzo, **6** CAP, **7** anziano, **8** femmina

8 **1** *avere* … anni / il passaporto / la carta d'identità
2 *compiere* … anni / gli anni
3 *festeggiare* il compleanno
4 *parlare* italiano
5 *rinnovare* il passaporto / la carta d'identità
6 *essere* italiano / straniero, sposato/a / separato/a / divorziato/a

9 **1** si chiama, di cognome; **2** compio, anni; **3** rinnovare, passaporto; **4** è sposata

10 *luogo di nascita*: Torino, *indirizzo:* Piazza Volta, 4 – Perugia; *nazionalità*: italiana, *sesso*: maschio, *stato civile*: sposato

11 **2** Baal, **3** Il 12 giugno 1987, **4** A Saint Louis, in Senegal, **5** 26, **6** A Milano, **7** Di Saint Louis, **8** Il 12 giugno

12 *Risposte personali*

2 AZIONI QUOTIDIANE pp. 10-13

1 **2** b, **3** a, **4** e, **5** f, **6** d – *Frase in più*: **7**

2 *tutti*: fare colazione, lavarsi, prepararsi, vestirsi, uscire, tornare a casa, cenare, andare a letto
Nadia: fare la doccia, truccarsi, fare i letti, andare al lavoro, fare la spesa, andare a prendere i bambini, sistemare, pulire la casa, cucinare, guardare la televisione
Raffaele: farsi la barba, accompagnare i bambini, andare al lavoro, guardare la televisione
bambini: pranzare, fare i compiti, giocare

3 **1** faccio, **2** preparare, **3** vado, **4** faccio, fare; **5** facciamo, **6** faccio

4 *Risposte personali*

5 **1** *dopo*: fare colazione, **2** *prima*: accompagnare, **3** *prima*: preparare il pranzo / cucinare, **4** *dopo*: sistemare / pulire, **5** *prima*: andare a letto

6 **1** Tutte le mattine si alza alle 7.
2 Si prepara per andare al lavoro e poi esce.
3 Prima di truccarsi, si lava.
4 Prepara il pranzo e poi pranza.
5 Cucina e poi sistema la cucina.
6 Verso le 20.00 cenano tutti insieme.

7 **1** truccarsi, **2** cenare, **3** alzarsi, **4** prepararsi, **5** svegliarsi, **6** cucinare, **7** vestirsi, **8** sistemare, **9** lavarsi, **10** uscire, **11** accompagnare, **12** pulire

8 **1** si alzano, **2** si svegliano, **3** fanno colazione, **4** si preparano, **5** si vestono, **6** si fa la barba, **7** si trucca, **8** andare al lavoro, **9** pulire, **10** escono, **11** tornano a casa, **12** preparano la cena, **13** vanno a letto

9 **1** d, **2** a, **3** b, **4** g, **5** f, **6** h, **7** c, **8** e

10 *Risposte personali*

3 TEMPO LIBERO pp. 14-17

1 *musica e spettacoli*: teatro, opera, cantare, chitarra, concerto, pianoforte, televisione
arte: museo, pittura, fotografia, mostra
sport: bicicletta, ballare
altro: leggere, viaggiare, computer, volontariato, cucina, giardinaggio, lingue, ballare

2 *Risposte personali*

3 *(non) mi piace*: il cinema, leggere, il giardinaggio, ballare, la fotografia, viaggiare
(non) mi piacciono: le lingue straniere, le mostre, le opere, gli sport

4

P	I	T	T	U	R	A	V	O	R	R	E
I	F	A	E	C	O	M	P	U	T	E	R
R	E	U	A	N	C	C	U	C	I	N	A
O	R	S	T	L	I	N	G	U	A	O	D
G	I	A	R	D	I	N	A	G	G	I	O
F	O	T	O	G	R	A	F	I	A	I	

Frase: Vorrei fare un corso di …

5 **1** avere *un hobby / un interesse*
2 andare *al cinema / a teatro / all'opera / a un concerto / ad una mostra / in bicicletta*
3 fare *sport / fotografia / volontariato / giardinaggio / pittura / un corso*
4 visitare *un museo / una mostra*
5 suonare *uno strumento / la chitarra / il pianoforte*

6 **1** fare, **2** vado, **3** suono, **4** ho, **5** vado, **6** faccio, **7** visito, **8** faccio

7 **1** la musica, **2** un corso di cucina, **3** un museo, **4** la chitarra, **5** la televisione, **6** in bicicletta

8 *Soluzioni possibili*:
1 Giovanna ascolta sempre la musica.
2 Pietro canta spesso quando fa la doccia.
3 Marta a volte va a teatro.
4 Guardiamo raramente la televisione.
5 Mio figlio non legge quasi mai.
6 Perché non visitate mai un museo?

9 **1** viaggiare, **2** cucina, **3** lingue, **4** pittura, **5** giardinaggio, **6** computer

10 *Risposte personali*

11 *Risposte personali*

4 SPORT pp. 18-21

1 **1** piscina, nuotare; **2** calcio, stadio, pallone, gol; **3** jogging, correre; **4** palestra, ginnastica; **5** tennis, campo da tennis; **6** sciare, sci

2 *Soluzioni possibili:* scarpe da ginnastica, gara, sportivo, partita, squadra, allenarsi, giocatore, campione

3

sport	**luogo**
sci	montagna
nuoto	piscina
ginnastica	palestra
tennis	campo da tennis
calcio/pallone	stadio

4 **2** Scia. **3** Fa nuoto. **4** Corre. **5** Giocano a calcio. **6** Giocano a tennis.

5 *giocare a* calcio / pallone / tennis
fare nuoto / jogging / una partita
praticare lo sci
essere un campione

6 **1** lo stadio, **2** I giocatori, **3** si sono allenati, **4** giocatore, **5** giocato a calcio, **6** jogging, **7** in palestra, **8** partita, **9** corre, **10** pallone, **11** gol, **12** campione, **13** partita, **14** Le due squadre, **15** gol, **16** partita

7 **1** scarpe, **2** nuoto, **3** nuotare, **4** piscina, **5** campo, **6** tuta, **7** jogging, **8** gara, **9** sciare, **10** palestra, **11** tennis, **12** ginnastica, **13** correre, **14** sci

8 **1** calcio, **2** pallone, **3** partite, **4** giocatori, **5** gol, **6** stadio, **7** tennis, **8** sport, **9** campo, **10** sci, **11** sciare, **12** sportivi, **13** palestra, **14** ginnastica, **15** nuoto, **16** piscina, **17** nuotare, **18** correre, **19** jogging, **20** tuta da ginnastica

9 *Risposte personali*

5 PROFESSIONI pp. 22-25

1 **1** impiegata / segretaria, **2** cantante, **3** meccanico, **4** commessa, **5** cuoco, **6** avvocato, **7** medico, **8** operaio, **9** postino, **10** dentista, **11** attore, **12** regista, **13** contadino, **14** pilota, **15** infermiera

2 **1** insegnante (m/f), **2** impiegata (f), **3** giornalista (m/f), **4** direttore (m), **5** ingegnere (m/f), **6** architetto (m/f), **7** pilota (m/f), **8** hostess (f)

3 *ristorante*: cameriere, cuoco
scuola: insegnante, direttore
fabbrica / ditta: operaio, direttore, ingegnere, manager
ufficio: impiegato, segretario, informatico
negozio: commesso
ospedale: medico, infermiere
studio: avvocato, architetto
teatro / cinema: attore, regista

4 **1** è, **2** fa, **3** è, **4** fa, **5** è, **6** è, **7** fa, **8** è

5 **1** insegnante, scuola; **2** il regista, teatro; **3** avvocato, uno studio; **4** hostess, sugli aerei, **5** l'infermiere, ospedale; **6** cameriera, un bar

6 **1** cameriere, **2** giornalista, **3** meccanico, **4** postino, **5** pilota, **6** medico, **7** contadino, **8** direttore / manager, **9** segretario, **10** cantante

7 *Soluzioni possibili*: **1** serve i passeggeri sugli aerei, **2** insegna in una scuola, **3** lavora in un negozio e vende la merce, **4** cura i denti, **5** progetta case

8

P	D	E	N	T	I	S	T	A	R	O	F	E
S	S	I	M	A	V	V	O	C	A	T	O	O
I	N	G	E	G	N	E	R	E	N	I	D	E
V	I	D	D	I	R	E	T	T	O	R	E	I
P	L	O	I	N	S	E	G	N	A	N	T	E
M	A	R	C	H	I	T	E	T	T	O	A	R
I	N	F	O	R	M	A	T	I	C	O	T	I

Frase: ... professioni devi diplomarti ...

9 *Soluzioni possibili*:
1 ... la cantante.
2 ... il pilota.
3 ... la giornalista / l'insegnante.

10 *Soluzioni possibili*:
1 segretario, manager, …
2 contadino, cuoco, …
3 steward / hostess, commesso, insegnante, …
4 attore, insegnante, architetto, …
5 infermiere, steward / hostess, medico, commesso, …

11 *Risposte personali*

6 LAVORO pp. 26-29

1 stage, posto di lavoro, duro, pesante, noioso, monotono, pericoloso, straordinari, pagato male, salario, guadagnavo, ferie, curricula, colloqui, esperienza, laureato, qualificato, a tempo pieno, orari, straordinari, ben pagato, interessante, vario, capo, colleghi, contratto, posto di lavoro, pensione, stipendio

2 *Risposta personale*

3 *prima della laurea:* duro, pesante, noioso, monotono, pericoloso, pagato male
dopo la laurea: a tempo pieno, ben pagato, interessante, vario

4 **1** vario, **2** pagato male, **3** a tempo pieno, **4** noioso

5 **1** vai al lavoro, torni dal lavoro; **2** si mette al lavoro; **3** cercare lavoro; **4** cambiare lavoro; **5** perdere il lavoro; **6** ha trovato lavoro

6 **2** b, **3** d, **4** a, **5** e, **6** f

7 **1** qualificato, **2** stage, **3** laureato, **4** esperienza, **5** diplomato. *Parola trovata:* lavoro

8 **2** a, **3** e, **4** b, **5** d / h, **6** c, **7** d / h, **8** g

9 **1** Ho firmato, **2** fare, **3** aumentano / hanno aumentato, **4** va, **5** ha fatto, **6** spedire, **7** ha, **8** fare

10

C	O	N	T	R	A	T	T	O	O	F	C
O	N	D	C	I	Z	I	O	N	R	E	I
S	T	R	A	O	R	D	I	N	A	R	I
S	T	I	P	E	N	D	I	O	R	I	D
I	L	C	O	L	L	E	G	H	I	E	A
V	S	A	L	A	R	I	O	O	O	R	O

Frase: condizioni di lavoro

11 **1** part-time, **2** orari, **3** duro, pesante, ferie; **4** vario, interessante; **5** colleghi, lo stipendio; **6** esperienze lavorative, uno stage

12 *Risposte personali*

7 VACANZE pp. 30-33

1 **1** vero, **2** falso, **3** vero, **4** vero

2 *dove fare vacanza:* campagna, isola, lago, montagna, città d'arte
dove dormire: agriturismo, hotel, campeggio, camper, tenda, albergo, pensione

3 **1** mare, **2** spiaggia, **3** montagna, **4** città d'arte, **5** agenzia, **6** viaggio organizzato, **7** ha prenotato, **8** guida turistica, **9** alberghi, **10** pensioni, **11** tipica / locale, **12** locale / tipica, **13** in bassa stagione, **14** turisti

4 **2** a, **3** c, **4** b

5 **1** andare in un'agenzia di viaggi - guardare alcuni cataloghi - prenotare, **2** andare in spiaggia - noleggiare un ombrellone e una sdraio - prendere il sole, **3** organizzare un viaggio - fare la valigia - partire in vacanza, **4** tornare dalla montagna - disfare le valigie - pensare ad una nuova vacanza

6 *Soluzioni possibili:*
1 Sono andato in un'agenzia di viaggi, ho guardato alcuni cataloghi e alla fine ho prenotato una vacanza alle Maldive.
2 Domenica Mariella è andata in spiaggia, ha noleggiato un ombrellone e una sdraio e si è messa a prendere il sole.
3 In due giorni abbiamo organizzato un viaggio, abbiamo fatto la valigia e siamo partiti in vacanza.
4 Luca e Chiara sono tornati dalla montagna, hanno disfatto le valigie e hanno cominciato subito a pensare a una nuova vacanza.

7 **1** tenda, **2** turista, **3** ombrellone, **4** stagione, **5** camper, **6** valigia, **7** guida, **8** catalogo, **9** albergo, **10** noleggiare

8 **1** c, campeggio / tenda; **2** a, agriturismo; **3** b, hotel / albergo

9 *Soluzioni possibili*:
1 Dove ti piace dormire / alloggiare? / Dove dormi / alloggi normalmente?
2 Quando vai via? / In quale periodo parti?
3 Come organizzi il viaggio?

10 *Risposte personali*

8 VIAGGIARE pp. 34-37

1 **1** aereo, **2** aereo e treno, **3** treno, **4** aereo e treno, **5** treno

2 *aereo:* compagnia aerea, check-in, aeroporto, volo
treno: stazione, binario, vagone, scompartimento, controllore, fermata
tutti e due: orari, partenze, arrivi, biglietto, bagagli, finestrino, corridoio, passeggero, cancellare, ritardo, biglietteria, salire, classe, scendere, cambiare, sportello informazioni, coincidenze, puntuale

3 **1** orari, compri il biglietto, **2** aeroporto, fare il check-in; **3** consegni i bagagli, **4** sali sull'aereo, finestrino; **5** vai al binario; **6** sali sul vagone ; **7** è in ritardo, allo sportello informazioni; **8** cambiare treno, alla fermata, coincidenza

4 **1** macchina / auto / automobile, **2** autobus, **3** taxi, **4** aereo, **5** nave, **6** treno

5 **1** compagnia, **2** binario, **3** carrello, **4** fermata, **5** aeroporto, **6** coincidenza, **7** cambiare, **8** scendere, **9** ritardo, **10** bagaglio, **11** biglietto, **12** classe, **13** stazione, **14** finestrino

6 **1** volare, **2** aeroporto, **3** aeroporto, **4** check-in, **5** compagnia aerea, **6** passeggeri, **7** orari, **8** passeggeri, **9** fermate, **10** classe, **11** biglietti, **12** stazione, **13** stazione, **14** bagaglio

7 *Risposte personali*

8 *Risposte personali*

9 TEMPO ATMOSFERICO pp. 38-41

1 Sicilia, Austria

2 **1** pioggia, **2** sole, **3** neve, **4** vento, **5** nebbia

3 *Soluzioni possibili*:
bel tempo: sole, cielo sereno, luce, arcobaleno, luna, stelle, splendere
brutto tempo: piovere, neve, pioggia, vento, temperature sotto lo zero, nebbia, nuvola, nuvoloso, temporale, grandine, coperto

4 **1** sole, **2** cielo, **3** temporale, **4** nevica

5 **2** d, **3** f, **4** h, **5** a, **6** b, **7** g, **8** e

6 *Soluzioni possibili*:
in inverno: le temperature sono sotto lo zero, fa freddo, piove, nevica, si trova ghiaccio sulle strade, l'aria è fredda
in estate: le temperature sono sopra lo zero, fa caldo, splende il sole, c'è tanta luce, il cielo è sereno, ci sono temporali, vien giù la grandine
in autunno: le temperature si abbassano, piove, c'è nebbia, il cielo è coperto, il cielo è nuvoloso
in primavera: le temperature si alzano, c'è vento, ci sono circa 20 gradi

7 **1** cielo, **2** nuvola, **3** temperatura, **4** arcobaleno, **5** pioggia, **6** grandine; *parola trovata*: cambia

8 **1** le stelle, **2** la neve, **3** la luna, **4** l'ombra

9 **1** pioverà, **2** temperature, **3** sotto lo zero, **4** ghiaccio, **5** aria, **6** nevicherà, **7** neve, **8** cielo, **9** vento, **10** sopra lo zero, **11** gradi, **12** piogge, **13** sereno, **14** vento, **15** nuvole, **16** nuvoloso, **17** sole

10 *Risposte personali*

11 *Risposte personali*

10 CARATTERE E ASPETTO FISICO pp. 42-45

1 **1** b, **2** a, **3** b, **4** a, **5** a, **6** a

2 *aspetto fisico*: piccola, magra, carina, capelli biondi, lunghi, ricci, occhi grandi, azzurri, porta gli occhiali, alto, grasso, magro, capelli corti, lisci, castani, occhi verdi
carattere: timida, sensibile, sincera, ordinata, attenta, pessimista, carattere difficile, ottimista, vivace, furbo, serio, antipatico, pigro, disordinato, gentile

3 **2** h, **3** e, **4** g, **5** c, **6** d, **7** a, **8** f

4 **1** è, **2** sono, **3** è, è, è, sono; **4** sono, **5** ha, **6** ho, **7** ha, **8** ho

5

D	I	S	O	R	D	I	N	A	T	O	P
S	A	P	I	G	R	O	S	E	R	I	O
I	T	I	M	I	D	O	E	E	R	G	S
M	T	L	O	R	D	I	N	A	T	O	I
P	E	S	S	I	M	I	S	T	A	V	N
A	N	T	I	P	A	T	I	C	O	I	C
T	T	I	A	F	U	R	B	O	M	V	E
I	O	O	T	T	I	M	I	S	T	A	R
C	S	T	R	A	N	O	L	I	C	C	O
O	G	E	N	T	I	L	E	I	T	E	U

Frase: Per gli amici tu …

6 bello ⟷ brutto
alto ⟷ basso
magro ⟷ grasso
giovane ⟷ vecchio
biondo ⟷ bruno
simpatico ⟷ antipatico
ottimista ⟷ pessimista
ordinato ⟷ disordinato
sensibile ⟷ insensibile
disattento ⟷ attento

7 **1** pigro, **2** furbo, **3** timido, **4** sensibile, **5** attento, **6** sincero, **7** vivace, **8** seria

8 **1** alto, magro, grasso; **2** giovane, gli occhi, capelli, castani; **3** piccolo, calvo, la barba; **4** carina, lunghi, ricci, gli occhiali, simpatica; **5** alto, biondo, corti, lisci, baffi, occhiali, gentile, disordinato; **6** strano, antipatico, basso, brutto; **7** sensibile, attenta, sincera, seria, ordinata; **8** bruno, timido

9 *Risposte personali*

10 *Risposte personali*

11 CORPO UMANO pp. 46-49

1 **1** d, **2** c, **3** b, **4** a

2 **1** sedere, **2** faccia, **3** collo, **4** petto, **5** torace, **6** pancia

3 **1** occhi, **2** bocca, **3** naso, **4** orecchie, **5** capelli, **6** fronte, **7** barba, **8** baffi, **9** denti, **10** lingua

4 **1** sangue, **2** gola, **3** cuore, **4** stomaco, **5** pelle

5 **2** c, **3** b, **4** h, **5** f, **6** a, **7** g, **8** d

6 **1** apre, **2** muove, **3** scuote, **4** aprire, **5** ha alzato

7 **1** occhi, **2** capelli, **3** testa, **4** naso, **5** denti, **6** dita, **7** bocca, **8** mani, **9** orecchie, **10** lingua, **11** faccia, **12** piedi

8 **1** la pelle, **2** le gambe, **3** vita, la pancia; **4** un bel collo lungo; **5** la barba, **6** la schiena

9 **1** gola, **2** braccio, **3** stomaco, **4** testa, **5** denti, **6** schiena, collo; **7** torace, **8** gambe, **9** orecchie, **10** pancia

10 **2** b, **3** e, **4** d, **5** a, **6** c

11 *Risposte personali*

12 ABBIGLIAMENTO pp. 50-53

1 *uomo*: camicia, abito, cravatta
donna: tailleur, gonna, camicetta, vestito
entrambi: jeans, pantaloni, cintura, maglietta, felpa, maglione, calze, scarpe da tennis, giacca a vento, cappello, giacca, stivali, sandali, impermeabile, cappotto, guanti, sciarpa, tuta da ginnastica, pigiama

2 *d'estate si usano*: sandali, maglietta
d'inverno si usano: maglione, cappotto, giacca, stivali, cappello, guanti, sciarpa, felpa, giacca a vento

3 **1** stivali, **2** cappotto, **3** gonna, **4** calze, **5** giacca, **6** maglione, **7** pantaloni, **8** cintura, **9** impermeabile, **10** felpa, **11** tailleur, **12** vestito
parole trovate: taglia, numero

4 *avere* il … di taglia, il … di numero di scarpe
cercare / provare / mettersi un maglione / un cappello / un paio di scarpe
essere (un modello) classico / alla moda / elegante
essere piccolo / grande / corto / lungo / stretto / largo

5 **1** provare, ha; **2** Cerco, modello; **3** piccole, il numero; **4** mettermi; **5** corta; **6** elegante; **7** grandi; **8** larghi e lunghi

6 *Soluzioni possibili*:
1 Si mette la tuta da ginnastica e le scarpe da ginnastica.
2 Ci mettiamo i jeans, una maglietta o una felpa.
3 Si mette i pantaloncini e una maglietta.
4 Metto il pigiama.
5 Metto la giacca a vento, il cappello, i guanti e la sciarpa.
6 Si mette un tailleur con sotto una camicetta e le scarpe con i tacchi.
7 Metti il costume da bagno.
8 Si mette un abito, una camicia e la cravatta.

7 *elegante*: Fabio, Nicoletta, Luisella
sportivo: Elisabetta, Franco, Daniela

8 **1** pigiama; **2** costume da bagno; **3** giacca a vento; **4** tuta da ginnastica; **5** jeans, **6** abito, tailleur; **7** cintura; **8** maglione; **9** camicia, camicetta; **10** impermeabile

9 **1** b, **2** f, **3** a, **4** c, **5** h, **6** d, **7** g, **8** e

10 *Risposte personali*

13 IN CITTÀ pp. 54-57

1 **1** periferia, **2** vie, **3** piazze, **4** strade, **5** traffico, **6** cartelli stradali, **7** semafori, **8** incroci, **9** marciapiedi, **10** strisce pedonali

2 **1** traffico, **2** coda, **3** incidente, **4** coda

3 **1** capitale, **2** città, **3** paesi, **4** villaggi

4 **B** dà le indicazioni corrette.

5 **1** a destra, a sinistra; **2** all'angolo, **3** strada, **5** strada, **7** strada

6 **1** a, **2** a / b, **3** b, **4** a / b, **5** a, **6** a, **7** b, **8** a

7 *Soluzioni possibili*:
1 Devi seguire questa strada fino al semaforo, poi girare a sinistra e andare diritto. Attraversi la piazza e trovi la biblioteca.
2 Lì all'incrocio devi girare a sinistra e all'angolo ce n'è una.
3 Devi andare diritto e prendere la seconda strada a sinistra.
4 Devi andare diritto, al semaforo giri a destra e trovi la piscina dopo 100 metri, prima di un parcheggio.
5 Vai dritto poi là in fondo giri a sinistra e continui fino alla piazza, la attraversi e sei davanti al cinema.
6 Certo, sempre diritto. Sulla sinistra, dopo il grande incrocio, ne trovi uno.

8 **1** la direzione, centro, ai cartelli stradali, parcheggio; **2** al semaforo, ponte, all'angolo, zona pedonale; **3** piazza, a sinistra, l'incrocio, strada, diritto; **4** capitale, periferia, in un paese, villaggio; **5** l'autostrada, traffico, coda, incidente; **6** in un quartiere, via

9 *Risposte personali*

10 *Risposte personali*

14 CASA E TIPI DI CASE pp. 58-61

1 **2** c, **3** a, **4** g, **5** h, **6** d, **7** b, **8** f

2 **1** tetto, **2** camino, **3** finestra, **4** balcone, **5** terrazza, **6** parete, **7** muro, **8** soffitto, **9** porta, **10** pavimento, **11** cancello, **12** scala, **13** giardino

3 *parti della casa*: tetto, camino, finestra, porta, soffitto, pavimento, parete, scala, cancello, muro, balcone, terrazza, giardino
tipi di case: appartamento, monolocale, palazzo, condominio, casa popolare, grattacielo, villetta, villetta a schiera, villa

4 **1** abitano al pianterreno, **2** cambiare casa, **3** ha preso una casa in affitto, **4** affittano una casa, **5** sono proprietari di, **6** abitano al, piano

5 **1** e, **2** b, **3** f, **4** a, **5** d, **6** c

6 *Soluzioni possibili*:
1 appartamento / monolocale
2 villetta / villetta a schiera / villa
3 appartamento / palazzo / condominio con giardino e/o cortile
4 appartamento / palazzo / condominio / grattacielo

7 **1** affitto, **2** pavimento, **3** cortile, **4** porta, **5** finestra, **6** soffitto, **7** cancello, **8** scale, **9** terrazza, **10** tetto, **11** ascensore, **12** balcone, **13** portone, **14** piano, **15** giardino

8 **1** piano, ascensore, scale; **2** villetta, affitto, giardino; **3** appartamento, condominio; **4** tetto, finestre, porta; **5** villa, terrazza; **6** monolocale, affittano

9 *Risposte personali*

10 *Risposte personali*

15 IN CASA pp. 62-65

1 soggiorno **3**; ripostiglio **8**; cucina **2**; corridoio **5**; camera da letto **4**; bagno **1**, **9**; studio **10**; camera dei bambini **6**

2 **1** doppi servizi, **2** locali, **3** ammobiliato, **4** metri quadrati

3 *Soluzioni possibili*:
camera: letto, armadio, comodino
soggiorno: divano, tavolino, libreria
studio: scrivania, libreria
cucina: sedie, tavolo, lavastoviglie
bagno: doccia, water, lavandino, bidet, lavatrice

4 **1** ingresso, **2** cucina, **3** camera, **4** bagno, **5** studio, **6** soggiorno

5 **1** entra, in garage, **2** fare la lavatrice, **3** svuota la lavastoviglie, **4** Vado a letto, **5** mi siedo sul divano / in poltrona, **6** carica la lavastoviglie, **7** si siede in poltrona / sul divano, **8** andare (giù) in cantina

6 **1** tappeto; **2** metri quadrati; **3** cucina, doppi servizi; **4** degli ospiti; **5** garage; **6** ammobiliato; **7** ingresso; **8** la vasca

7 **1** lavatrice, **2** armadio, **3** scrivania, **4** tavolino, **5** libreria, **6** comodino, **7** bagno, **8** poltrona, **9** vasca, **10** ripostiglio, **11** garage, **12** divano, **13** letto, **14** lavastoviglie

8 **1** locale, **2** tavolo, **3** sedie, **4** divano, **5** poltrone, **6** tavolino, **7** libreria, **8** mobile, **9** tappeto, **10** armadio, **11** letto matrimoniale, **12** scaffali, **13** scrivania, **14** cucina, **15** doccia, **16** vasca, **17** bidet, **18** water, **19** lavandino

9 *Risposte personali*

10 *Risposte personali*

16 AL RISTORANTE pp. 66-69

1 **1** In un ristorante, in una pizzeria o in una trattoria.
2 Dà il menù.
3 Ordinano da mangiare.
4 Serve i clienti.
5 Chiedo il conto.
6 La mancia.

2 *antipasti*: crostini
primi piatti: ravioli, minestra, risotto, lasagne, gnocchi
secondi piatti: grigliata di carne, arrosto, frittata, saltimbocca, involtini, fritto misto
dolci: semifreddo, torta

3 **1** antipasto, **2** primo (piatto), **3** secondo (piatto), **4** dolce / dessert

4 *Orizzontali*: saltimbocca, grigliata di pesce, semifreddo, crostini, ravioli, minestra, involtini, fritto misto; *verticali*: gnocchi, arrosto, risotto, lasagne, torta, frittata
Frase: ...piace la cucina mediterranea?

5 **1** a, **2** b, **3** a, **4** b, **5** b, **6** a

6 **1** trattoria, ristorante, pizzeria
2 antipasti, primi, secondi, torta
3 menù, specialità
4 piatto del giorno, dolce

7 **1** contorno, **2** mancia, **3** servizio, **4** coperto, **5** dolce, **6** ordinare, **7** appetito, **8** servire, **9** conto, **10** pasto

8 *Vitamine*: minestra
Carboidrati: gnocchi, risotto, lasagne, ravioli, crostini, torta
Proteine: saltimbocca, arrosto, involtini, fritto misto, frittata

9 *Risposte personali*

10 *Risposte personali*

11 *Risposte personali*

17 ALIMENTI E BEVANDE pp. 70-73

1 *da mangiare*: prosciutto, carne, gelato, bistecca, pollo, maionese, torta, pane, cioccolato, riso, pasta, yogurt, pesce, salame, biscotti, uova, marmellata, miele, mortadella, formaggio
da bere: bibita, birra, caffè, vino, spumante, tè, aranciata, latte

2

C	P	E	P	E	S	B	O	
F	A	R	I	N	A	U	L	
P	A	N	N	A	L	R	I	
Z	U	C	C	H	E	R	O	
I	B	A	C	E	T	O	O	

Parola trovata: cibo

3 *carni*: carne, pollo, bistecca
salumi: prosciutto, salame
latticini: latte, panna, yogurt, burro
dolci: gelato, torta, marmellata, biscotti, miele, cioccolato

4 **1** carne / pesce, pesce / carne; **2** caffè, tè; **3** vino; **4** sale; **5** pasta, burro, olio

5 **a** condire con olio e aceto
b festeggiare con lo spumante
c buttare la pasta
d tagliare due fette di salame

1 c, butta (tu) la pasta; **2** b, festeggia con lo spumante; **3** d taglio / tagliamo due fette di salame; **4** a, condisci (tu) con olio e aceto

6 **1** latte, **2** caffè, **3** tè, **4** pane, **5** burro, **6** marmellata, **7** miele, **8** zucchero, **9** biscotti, **10** yogurt

7 **1** *una fetta di* torta
2 *un chilo di* zucchero
3 *un pacchetto di* biscotti
4 *un tubetto di* maionese
5 *un vasetto di* yogurt
6 *un etto di* prosciutto
7 *un litro di* latte
8 *una bottiglia di* vino
9 *una tavoletta di* cioccolato
10 *una bustina di* tè

8 **1** prosciutto, mortadella, salame; **2** riso, burro, vino; **3** pasta, olio, uova; **4** carne, prosciutto; **5** farina, uova, zucchero, burro

9 **1** la birra, **2** carne, **3** spumante, **4** caffè, **5** lo zucchero, **6** pane, **7** bibita, **8** il sale, **9** gelato, **10** formaggi, **11** latte, **12** torta

10 **1** b, **2** a, **3** d, **4** c, **5** e, **6** g, **7** h, **8** f

11 *Risposte personali*

18 FRUTTA E VERDURA pp. 74-77

1 *frutta*: uva, albicocca, pesca, ciliegie, melone, prugna, ananas
verdura: insalata, carota, pomodoro, cipolla, peperone, melanzana

2 *Fai una minestra*: patate, carote, zucchine, pomodori, broccoli, cipolla, spinaci, piselli
Fai una macedonia: uva, prugne, albicocche, ciliegie, mela, pera, fragola, banana, mandarino, arancia, melone, kiwi, limone, ananas, pompelmo

3

E	F	R	A	G	O	L	A	P
S	T	A	M	E	L	O	N	E
C	I	L	I	E	G	I	A	S
T	P	R	U	G	N	A	E	C
A	L	B	I	C	O	C	C	A

Parola trovata: estate

4 **1** limone, **2** carota, **3** piselli, **4** banana, **5** kiwi, **6** ciliegia, **7** peperone, **8** insalata

5 **1** Taglio, **2** pulire, **3** pelare, **4** Condisci, **5** sbucci, **6** spremo

6 **1** banane, arance, limoni, mandarini, pompelmi, kiwi
2 prugne, pesche, mele, pere
3 fragole, ciliegie, albicocche, uva
4 patate, carote
5 limoni, arance, pompelmi, mandarini
6 spinaci, insalata

7 **1** peperone, **2** aglio, **3** piselli, **4** patata, **5** melanzana, **6** carote, **7** cipolle, **8** spinaci, **9** zucchina, **10** broccoli
Parola trovata: vegetariano

8 **1** uva, **2** albicocca, **3** ananas, **4** mela, **5** limone, **6** arancia, **7** pesca
Parola trovata: vitamine

9 **1** patate, **2** cipolle, **3** pomodori, **4** insalata, **5** uva, **6** fragole, **7** pompelmo, **8** broccoli, **9** prugne, **10** mandarini, arance

10 *Risposte personali*

19 IN CUCINA pp. 78-81

1 **1** piatto, **2** piatto fondo, **3** coltello, **4** cucchiaio, **5** forchetta, **6** tovagliolo, **7** posate, **8** cucchiaino, **9** bicchiere, **10** bottiglie

2 **1** tazza, **2** piattino, **3** tazzina, **4** caffettiera

3 *Orizzontali*: fornelli, mixer, forno a microonde, frigorifero, tostapane, *verticali*: forno
Parola trovata: elettrodomestici

4 **1** apparecchia, **2** sparecchia, **3** padella, **4** pentola, **5** lavello, **6** bilancia

5 **1** tagliare, **2** mescolare, **3** frullare, **4** aggiungere, **5** versare, **6** cuocere, **7** bolle, **8** friggere

6 **1** togliere, **2** sparecchiare, **3** spegnere, **4** prendere

7 *Soluzioni possibili*:
colazione: tazze, piattini, bicchieri, cucchiaini, caffettiera
pranzo: posate, piatti, bicchieri, tovagliolo
cena: tovaglia, tovagliolo, posate, piatti, bicchieri
merenda: piattino, coltello, cucchiaino
spuntino: bicchiere, tovagliolo

8 **1** frigorifero, **2** forno, **3** fornelli, **4** bilancia, **5** lavello, **6** forno a microonde

9 **1** cucchiaino, **2** tovaglia, **3** coltello, **4** forchetta, **5** cucchiaio, **6** caffettiera, **7** bilancia, **8** bottiglia, **9** tazza, **10** tostapane, **11** lavello, **12** pentola, **13** piattino, **14** posata, **15** tovagliolo, **16** forno, **17** piatto, **18** bicchiere

10 *Risposte personali*

20 MEZZI DI COMUNICAZIONE
pp. 82-85

1 *televisione e radio*: telegiornale, programma, pubblicità, lettore DVD, film, canale, telecomando, canone, televideo, guida TV
Internet e e-mail: computer, navigare, rete, posta elettronica, chattare, pubblicità
stampa: giornale, articolo, pubblicità, quotidiano
telefono: cellulare, fax, segreteria telefonica

2 mezzi di comunicazione – mass media
giornale – quotidiano
e-mail – posta elettronica

3 **1** antenna, **2** volume, **3** messaggio, **4** chiocciola

4 *leggere / scrivere* un articolo / un'e-mail / un sms / una lettera / un messaggio / un fax
ricevere / mandare un fax / un'e-mail / un sms / una lettera / un messaggio
ascoltare la radio / un messaggio
guardare la televisione / il telegiornale / il televideo
navigare in Internet / in rete

5 **2** e, **3** a, **4** c, **5** b, **6** d, **7** f

6 **1** un sms, **2** guida TV, **3** telecomando, **4** segreteria, **5** articolo, **6** un'e-mail, **7** il volume, alto; **8** il telegiornale

7 **1** radio / cellulare, **2** computer, **3** televisione, **4** giornale / quotidiano, **5** telefono / cellulare

8 **1** cellulare, **2** giornale, **3** telefono, **4** televisione, **5** computer, **6** radio
Parola trovata: cinema

9 **1** telecomando, volume; **2** fax, **3** canale, **4** messaggio, **5** chattando, **6** Internet, clicca, **7** cellulare, **8** giornale, **9** televideo, **10** televisione, pubblicità

10 **1** che, **2** chi, **3** cosa, **4** rispondi, **5** grazie, **6** per, **7** perché, **8** non, **9** ci sei, **10** qualcuno, **11** dove, **12** ti voglio bene

11 **1** c, **2** d, **3** a, **4** b, **5** e, **6** g, **7** h, **8** f

12 *Risposte personali*

ELENCO DEI VOCABOLI